utb 5793

Eine Arbeitsgemeinschaft der Verlage

Brill | Schöningh – Fink · Paderborn
Brill | Vandenhoeck & Ruprecht · Göttingen – Böhlau Verlag · Wien · Köln
Verlag Barbara Budrich · Opladen · Toronto
facultas · Wien
Haupt Verlag · Bern
Verlag Julius Klinkhardt · Bad Heilbrunn
Mohr Siebeck · Tübingen
Narr Francke Attempto Verlag – expert verlag · Tübingen
Psychiatrie Verlag · Köln
Ernst Reinhardt Verlag · München
transcript Verlag · Bielefeld
Verlag Eugen Ulmer · Stuttgart
UVK Verlag · München
Waxmann · Münster · New York
wbv Publikation · Bielefeld
Wochenschau Verlag · Frankfurt am

Gottfried Gabriel

Kant

Eine kurze Einführung in
das Gesamtwerk

BRILL | SCHÖNINGH

Der Autor:

Gottfried Gabriel, nach Promotion und Habilitation an der Universität Konstanz 1992 Professor für Philosophie an der Universität Bochum; ab 1995 Inhaber des Lehrstuhls für Logik und Wissenschaftstheorie an der Universität Jena (seit 2009 im Ruhestand). Buchveröffentlichungen zu den Arbeitsgebieten Erkenntnis- und Wissenschaftstheorie, Logik, Ästhetik, Sprachphilosophie, Politische Ikonographie. Hauptherausgeber des *Historischen Wörterbuchs der Philosophie* ab Bd. 11.

Online-Angebote oder elektronische Ausgaben sind erhältlich unter **www.utb-shop.de**

Bibliografische Information der Deutschen Nationalbibliothek

Die Deutsche Nationalbibliothek verzeichnet diese Publikation in der Deutschen Nationalbibliografie; detaillierte bibliografische Daten sind im Internet über http://dnb.d-nb.de abrufbar.

© 2022 Brill Schöningh, Wollmarktstraße 115, D-33098 Paderborn, ein Imprint der Brill-Gruppe (Koninklijke Brill NV, Leiden, Niederlande; Brill USA Inc., Boston MA, USA; Brill Asia Pte Ltd, Singapore; Brill Deutschland GmbH, Paderborn, Deutschland; Brill Österreich GmbH, Wien, Österreich) Koninklijke Brill NV umfasst die Imprints Brill, Brill Nijhoff, Brill Hotei, Brill Schöningh, Brill Fink, Brill mentis, Vandenhoeck & Ruprecht, Böhlau, Verlag Antike und V&R unipress.

Internet: www.schoeningh.de

Herstellung: Brill Deutschland GmbH, Paderborn
Einbandgestaltung: Atelier Reichert, Stuttgart

UTB-Band-Nr: 5793
ISBN 978-3-8252-5793-4

Inhaltsverzeichnis

Gedanken ohne Inhalt sind leer,
Anschauungen ohne Begriffe sind blind.

Vorwort

Der vorliegende Text ist aus Vorlesungen an den Universitäten Jena und Konstanz hervorgegangen. Er ist bemüht, eine übersichtliche und dabei problemorientierte Darstellung der Philosophie Kants mit Blick auf die Architektonik des Gesamtwerks zu bieten. Um den historischen Kontext zu verdeutlichen, finden die wichtigsten Verbindungen zu anderen Autoren Berücksichtigung. Als Gesamtwerk wird hier das Textkorpus der zu Lebzeiten Kants veröffentlichten Schriften verstanden, wie es in den ersten neun Bänden der Akademie-Ausgabe sowie in der Akademie-Textausgabe dieser neun Bände vorliegt. Die Vorlesungsnachschriften, der Nachlass und der Briefwechsel, die für eine vollständige Darstellung ergänzend zu berücksichtigen wären, werden wegen der angestrebten Kürze nur vereinzelt herangezogen.

In Kants Entwicklung wird üblicherweise eine kritische von einer vorkritischen Phase unterschieden. Den Wendepunkt markiert das Jahr 1781, in dem die *Kritik der reinen Vernunft* erschienen ist. Unsere Darstellung folgt dieser Einteilung in chronologischer Abfolge, wobei der weitaus größte Teil naturgemäß der kritischen Phase gewidmet ist. Es werden aber auch die vorkritischen Schriften gewürdigt. Das Kernstück der Untersuchung bildet die Analyse der zentralen Themen der drei *Kritiken* sowie der weiteren Hauptwerke Kants unter Einbeziehung der wichtigsten kleineren Veröffentlichungen. Über die jeweilige Berücksichtigung der einzelnen Schriften informiert ein eigenes Register.

Da es sich um eine Einführung handelt, habe ich auf die Angabe von Sekundärliteratur verzichtet. Als weiterführend sei wenigstens genannt: Gerd Irrlitz: *Kant-Handbuch. Leben und Werk*. 3. Auflage Stuttgart 2015 (mit Literaturhinweisen zu den einzelnen Themen). Dieses Buch unternimmt ‚im Großen', was hier ‚im Kleinen' versucht wird, nämlich eine Gesamtdarstellung der Philosophie Kants vorzulegen. Die Angaben zur Biographie Kants wurden durchgehend der maßgeblichen Darstellung von Karl Vorländer entnommen: *Immanuel Kants Leben*. 2. Auflage Leipzig 1921. Inzwischen in 4. Auflage, hg. von Rudolf Malter. Hamburg 1986. Empfehlenswert ist ferner die ausführliche Ausarbeitung von Vorländer: *Immanuel Kant. Der Mann und sein Werk*. 3. Auflage, bearbeitet von R. Malter. Hamburg 1992, zwei Bände in einem Band. Diese Auflage enthält (S. 430–432) ein Verzeichnis der Bibliographien zum Werk Kants (von Heiner Klemme), das bei der Sichtung von Sekundärliteratur hilfreich ist.

Kants Schriften werden nach der Akademie-Ausgabe (ohne Verwendung des üblichen Kürzels ‚AA') unter Angabe der Bandzahl in römischen und der Seitenzahl in arabischen Ziffern zitiert. Für Verweise auf die *Kritik der reinen Vernunft* wird zusätzlich das Kürzel ‚KrV' verwendet (mit den Angaben ‚A' und ‚B' für die erste beziehungsweise zweite Auflage). Die Orthographie wurde moderner Schreibweise behutsam angeglichen. So ist zum Beispiel ‚daß' nicht durch ‚dass', aber ‚Erkenntniß' durch ‚Erkenntnis' und ‚Urtheil' durch ‚Urteil' ersetzt worden. Sperrungen in der Akademie-Ausgabe werden durch Kursivierungen wiedergegeben. Eckige Klammern in Zitaten enthalten Zusätze des Verfassers.

Bei Kant lesen wir in einer *Nachricht an Ärzte* (1782) von einer ansteckenden Influenza, die sich weltweit ausgebreitet hatte. Er nennt sie eine „merkwürdige und wundersame Epidemie" (VIII, 6). Eine derartige Krankheit hat auch uns heimgesucht. Die dadurch bedingte Unterbrechung anderer Tätigkeiten konnte wenigstens genutzt werden, dieses Büchlein abzuschließen.

Sven Schlotter (Jena) habe ich für die Durchsicht des Textes und wichtige Hinweise zu danken.

Konstanz im August 2021   G. Gabriel

1 Der Weg in die Philosophie

Kant wurde am 22. April 1724 in Königsberg geboren. Er stammte aus einer Handwerkerfamilie, sein Vater war Sattlermeister (Riemermeister). Nach der Schulzeit besuchte Kant als 16-Jähriger seine Heimatuniversität Königsberg. Ein so früher Eintritt war durchaus üblich. Die Universitäten lehrten zu jener Zeit noch vieles von dem, was heutzutage zum Stoff des Gymnasialunterrichts gehört. Welches Fachstudium Kant genau gewählt hat, ist nicht ganz klar. Zunächst zeigte er ein besonderes Interesse an der Philologie alter Sprachen, studierte aber auch Theologie. Insgesamt sieht es danach aus, als habe Kant schon früh nach eigenen Plänen ein *Studium generale* absolviert. Von Einfluss war hier vor allem sein junger, nur zehn Jahre älterer Lehrer Martin Knutzen, der ihn insbesondere in die höhere Mathematik einführte und ihn mit den Schriften Newtons und der damaligen Naturphilosophie vertraut machte. Kants eigene frühe Arbeiten beschäftigen sich denn auch fast ausschließlich mit naturwissenschaftlichen Themen.

Besondere Erwähnung verdient die *Allgemeine Naturgeschichte und Theorie des Himmels* (1755). Deren ausführlicher Untertitel *oder Versuch von der Verfassung und dem mechanischen Ursprunge des ganzen Weltgebäudes, nach Newtonischen Grundsätzen abgehandelt* macht deutlich, dass sich Kants Verständnis von Naturwissenschaft ursprünglich an Newtons mechanistischer Physik orientiert. Dementsprechend wird die Entstehung des Kosmos und dessen Ablauf mit Hilfe mechanischer Gesetze unter Beschränkung auf Anziehungs- und Abstoßungskraft (I, 225f.) erklärt. Diese von Kant im Detail ausgeführte Erklärung ist als Kant-Laplacesche Theorie in die Wissenschaftsgeschichte eingegangen.[1] Ihre historische Bedeutung besteht darin, dass sie ohne die Annahme eines Schöpfergottes auskommt und insofern eine Vorläuferin moderner naturwissenschaftlicher Kosmogonien darstellt. Im Wesentlichen hat die Theorie bis heute Bestand.

---

1   Pierre-Simon Laplace (1749–1827) war ein französischer Mathematiker und Physiker, der unabhängig von Kant eine ähnliche rein naturwissenschaftliche Kosmogonie entwickelte.

Kant sah in seiner Erklärung allerdings keine Verneinung der Existenz Gottes, sondern meinte ganz im Gegenteil, gerade wegen der vollkommenen *naturgesetzlichen* Einrichtung des Kosmos auf einen göttlichen Schöpfer schließen zu können:

> Die Materie, die der Urstoff aller Dinge ist, ist also an gewisse Gesetze gebunden, welchen sie frei überlassen notwendig schöne Verbindungen hervorbringen muß. Sie hat keine Freiheit von diesem Plane der Vollkommenheit abzuweichen. Da sie also sich einer höchst weisen Absicht unterworfen befindet, so muß sie notwendig in solche übereinstimmende Verhältnisse durch eine über sie herrschende erste Ursache versetzt worden sein, und es ist *ein Gott eben deswegen, weil die Natur auch selbst im Chaos nicht anders als regelmäßig und ordentlich verfahren kann.* (I, 228)

Damit vertritt Kant eine Variante des so genannten physikotheologischen Gottesbeweises. Die Bezeichnung ist abgeleitet von dem Ausdruck ‚natürliche Theologie', worunter das Bemühen zu verstehen ist, Gotteserkenntnis aus natürlichen Quellen (im Unterschied zur Offenbarungsreligion) zu gewinnen.

Auf den physikotheologischen Beweis geht Kant auch in der späteren umfänglichen vorkritischen Schrift *Der einzig mögliche Beweisgrund zu einer Demonstration des Daseins Gottes* (1763) ein. Dabei kommt es ihm wiederum darauf an, seine philosophische Fassung des Beweises von der populären Version zu unterscheiden, die Gott in jeder einzelnen Vollkommenheit der Natur am Werke sieht (II, 119), statt ihm die Einrichtung einer allgemeinen *naturgesetzlichen* Ordnung zuzuschreiben. In diesem Zusammenhang bezieht sich Kant auf seine „*Hypothese mechanischer Erklärungsart des Ursprungs der Weltkörper und der Ursachen ihrer Bewegungen*" (II, 137), die er in der *Allgemeinen Naturgeschichte und Theorie des Himmels* entwickelt hatte.[2]

---

2   Die Schrift *Der einzig mögliche Beweisgrund zu einer Demonstration des Daseins Gottes* verdient noch aus einem anderen Grund Beachtung. Sie legt nämlich bereits eine treffende logische Analyse des Begriffs der Existenz vor

Hervorzuheben ist unter den frühen Schriften ferner eine Folge von drei Beiträgen über die Ursachen von Erdbeben (1756), beginnend mit *Von den Ursachen der Erderschütterungen bei Gelegenheit des Unglücks, welches die westlichen Länder von Europa gegen das Ende des vorigen Jahres betroffen hat.* Den Anlass gab das verheerende Erdbeben von Lissabon am 1. November 1755, das die damalige Welt außer im realen auch im übertragenen Sinne zutiefst erschütterte und für viele den Gedanken der Theodizee, der Rechtfertigung Gottes angesichts der Übel der Welt, in Frage stellte. (Der Ausdruck ‚Theodizee‘ geht zurück auf gr. ‚theos‘ = ‚Gott‘ und ‚dike‘ = ‚Gerechtigkeit‘). In die Gegenrichtung zielt das Argument, das bis heute noch nicht ganz verschwunden ist: Da Gott ein guter Gott ist, kann eine solche Katastrophe nur als sein Strafgericht verstanden werden. So wie Kant in seiner naturwissenschaftlichen Kosmogonie die Anerkennung eines *ständig positiven* Eingreifens Gottes vermieden hat, lehnt er nun Spekulationen über die Gründe Gottes für ein *gelegentlich negatives* Eingreifen ab. In der *Schlußbetrachtung* des zweiten Erdbeben-Beitrags *Geschichte und Naturbeschreibung der merkwürdigsten Vorfälle des Erdbebens, welches an dem Ende des 1755sten Jahres einen großen Teil der Erde erschüttert hat* mahnt Kant: „Diese Art des Urteils ist ein sträflicher Vorwitz, der sich anmaßt, die Absichten der göttlichen Ratschlüsse einzusehen und nach seinen Einsichten auszulegen." (I, 459)

Rein philosophischen Inhalts ist zunächst nur die Habilitationsschrift *Principiorum primorum cognitionis metaphysicae nova dilucidatio* (1755; *Eine neue Beleuchtung der ersten Prinzipien der metaphysischen Erkenntnis*). Sie bewegt sich noch in den Bahnen des Rationalismus der Leibniz-Wolff-Tradition. Kant setzt dabei aber auch eigene Akzente, indem er (wohl gegen Leibniz gerichtet) meint, dass nicht das Widerspruchsprinzip, sondern das Identitätsprinzip das oberste Begründungsprinzip für Sätze sei. Gemeint sind hier die später so genannten *analytischen* Ur-

---

(II, 70ff.), die in der *Kritik der reinen Vernunft* zur Widerlegung des ontologischen Gottesbeweises führt. Siehe dazu Kapitel 10.

teile. Diese Auffassung ist nicht recht nachvollziehbar, und Kant hat sie denn auch aufgegeben (siehe dazu die Ausführungen zu den analytischen Urteilen in Kapitel 6). Relevant ist aber das Ergebnis, dass indirekte Beweise das Zweiwertigkeitsprinzip voraussetzen; „denn es gibt von der Unmöglichkeit des Gegenteils keinen Übergang zur Behauptung der Wahrheit außer durch den Satz: *„Wessen Gegenteil falsch ist, das ist wahr* […]". (I, 391, Übersetzung G. G.)

In seiner weiteren Entwicklung geht Kant unter dem Einfluss von Rousseau, Hume und dem britischen Empirismus zunehmend auf kritische Distanz zum Rationalismus. Er wendet sich nun auch Themen der praktischen Philosophie und der Ästhetik zu. Zu nennen sind besonders seine *Beobachtungen über das Gefühl des Schönen und Erhabenen* (1764: II, 205–256). Hervorzuheben ist ferner als erster Schritt in Richtung Metaphysikkritik die Schrift *Träume eines Geistersehers, erläutert durch Träume der Metaphysik* (1766: II, 315–373). Darin wird, wie der Titel zu verstehen gibt, in einem Doppelschlag spiritistischer sowie metaphysischer Schwärmerei eine ironisch-polemische Abfuhr erteilt. Systematisch weiterführend ist die Schrift *De mundi sensibilis atque intelligibilis forma et principiis* (1770; Über die Form und die Prinzipien der Sinnen- und der Verstandeswelt: II, 385–419), die bereits im Titel ein zentrales Thema der *Kritik der reinen Vernunft* anspricht, nämlich die Unterscheidung zwischen Sinnlichkeit und Verstand als verschiedene Erkenntnisquellen. Allerdings werden diese hier einander gegenübergestellt, ohne bereits ihre Verbindung in der Erfahrungserkenntnis herauszustellen. Mit dieser Arbeit schuf Kant die formale Voraussetzung für die Übernahme der ihm angebotenen Professur für Logik und Metaphysik.

Anzumerken ist, dass man sich um Kant bereits von anderer Seite bemüht hatte und ihn nach Erlangen und Jena berufen wollte. Kant zog es aber aus persönlichen Gründen vor, in seinem Königsberg zu bleiben, und wartete – bis er endlich im März des Jahres 1770 im Alter von fast 46 Jahren Professor wurde. Es folgte ein langes Schweigen von zehn Jahren, in denen Kant seine *Kritik der reinen Vernunft* ausarbeitete.

Um verbreiteten Vorurteilen über Kants ‚Vernunftphilosophie'
zu begegnen, lohnt es sich, eine kurze aufschlussreiche Veröffentlichung aus Kants frühen Jahren heranzuziehen. In der *Nachricht
von der Einrichtung seiner Vorlesungen in dem Winterhalbenjahre
von 1765–1766* (1765: II, 303–313) beschreibt Kant das angemessene Vorgehen in akademischen Vorlesungen. Hervorzuheben sind
die folgenden Punkte:

(1) Kant bekennt sich zu einer Lehrmethode „nach der Natur",
die zuerst die Erfahrung ausbildet, bevor sie zur Vernunfterkenntnis schreitet, um schließlich zur Wissenschaft zu gelangen: „Von einem Lehrer wird also erwartet, daß er an seinem
Zuhörer erstlich den *verständigen*, dann den *vernünftigen*
Mann und endlich den *Gelehrten* bilde." (II, 305)

(2) Kant erkennt die Gefahr einer Umkehrung dieser Methode,
die dazu führe, Vernunft als ein Vernünfteln ohne Verstand
auszubilden und damit den „Wahn von Weisheit" zu erzeu-
gen: „Dieses ist die Ursache, weswegen man nicht selten
Gelehrte (eigentlich Studierte) antrifft, die wenig Verstand
zeigen, und warum die Akademien mehr abgeschmackte
Köpfe in die Welt schicken als irgend ein anderer Stand des
gemeinen Wesens [d. i. des Gemeinwesens]." (II, 306)

(3) Kant betont, dass der angemessene Übergang von der
Übung „in Erfahrungsurteilen" zu „höheren" Begriffen nicht
durch „kühnen Schwung" geschehen dürfe, indem man etwa
auf der Basis solider Erfahrung spekulativ abhebt, sondern in
der methodischen Ordnung eines schrittweisen Aufbaus erfolgen müsse (II, 306).

(4) Philosophie ist für Kant keine Lehrbuchwissenschaft: „Der
den Schulunterweisungen entlassene Jüngling war gewohnt
zu *lernen*. Nunmehr denkt er, er werde *Philosophie lernen*,
welches aber unmöglich ist, denn er soll jetzt *philosophieren
lernen*." (II, 306) Lehrbücher gebe es in den historischen und
mathematischen Wissenschaften, nicht aber in der Philosophie. In dieser komme es vielmehr darauf an, „die Verstan-
desfähigkeit der anvertrauten Jugend zu erweitern und sie
zur künftig reifern *eigenen* Einsicht auszubilden" (II, 307).

Entscheidend ist, was Kant an anderer Stelle betont: „Wer also eigentlich Philosoph werden will: der muß einen freien Gebrauch von seiner Vernunft machen, und nicht bloß einen nachahmenden, so zu sagen, mechanischen Gebrauch."[3] Dieser Gedanke findet sich auch noch in der sehr viel späteren *Logik. Ein Handbuch zu Vorlesungen* (1800: IX, 25f.). Danach bedeutet *Philosophie* zu lernen, lediglich *Geschichte* der Philosophie zu lernen. „Der philosophieren lernen will, darf dagegen alle Systeme der Philosophie nur als *Geschichte des Gebrauchs der Vernunft* ansehen und als Objekte der Übung seines philosophischen Talents." (IX, 26)

Die methodischen Konsequenzen für den Umgang mit philosophischen Klassikern in Lehrveranstaltungen sind dementsprechend: „Auch soll der philosophische Verfasser, den man etwa bei der Unterweisung zum Grunde legt, nicht wie das Urbild des Urteils, sondern nur als eine Veranlassung selbst über ihn, ja sogar wider ihn zu urteilen angesehen werden [...]". Auf diese Weise sollen die Studierenden angehalten werden, „*selbst* nachzudenken und zu schließen" (II, 307). Angesprochen ist hier bereits Kants spätere Formulierung des Wahlspruchs der Aufklärung, sich seines *eigenen* Verstandes zu bedienen.

Aufschlussreich in diesem Zusammenhang ist, dass Kant nicht Kant, also nicht seine eigene Philosophie vortrug. Ein äußerer Grund ist schlicht dieser, dass den Professoren zu dieser Zeit ministeriell vorgeschrieben war, ihren Vorlesungen Kompendien zu Grunde zu legen. So las Kant selbst die Logik nach Georg Friedrich Meiers *Vernunftlehre* und die Metaphysik nach derjenigen Alexander Gottlieb Baumgartens. Er wich von dieser Praxis auch nicht ab, als andere bereits über seine *Kritik der reinen Vernunft* Vorlesungen hielten. Er blieb dabei, seine Vorlesungstätigkeit als Philosophieprofessor weitgehend von seiner eigentlichen Arbeit als Philosoph, wie sie ihren Niederschlag in seinen Schriften gefunden hat, zu trennen. Auf diese Weise bewahrte Kant seine Studenten davor, vorgetragene Gedanken als Dogmen zu übernehmen. Kant war

---

3   Vorlesungen über die Metaphysik. Erfurt 1821. Reprographischer Nachdruck. Darmstadt 1988, S. 2.

sich wohl bewusst, dass gerade Selbstdenker ihre Schüler – wenn auch unabsichtlich – häufig in die Nachahmung zwingen, weil sich deren Denken sozusagen nicht entfalten kann angesichts der Denkkraft des ‚Meisters'. Zu sich selbst kann man nämlich nur schwer Distanz halten. Trägt man Philosophie aber in Auseinandersetzung mit Texten anderer Autoren vor, so kann man die Hörer gerade in der Haltung distanzierter Kommentierung und Thematisierung von Grundproblemen zu eigenem Denken anregen. Die Textvorlage bietet eine gemeinsame neutrale Grundlage, die Distanzierung und damit Einübung in Kritik einfacher möglich macht. Aus didaktischen Gründen ist also gerade – entgegen dem Anschein – eine problemorientierte Klassikerlektüre die richtige Anleitung zum Selbstdenken. So sei auch die hier vorgestellte Lektüre der Werke Kants verstanden.

Kants eigenes Verhalten verdankt sich der Einsicht, dass Philosophie, weil sie keine Lehrbuchwissenschaft ist, auch nicht lehrbuchmäßig vorgetragen werden kann. Die Trennung der Lehren des Philosophen Kant von der Lehrtätigkeit des Philosophieprofessors Kant zeigt sich auch darin, dass der Stil von Kants Vorlesungen keineswegs dem Stil seiner nicht gerade populär geschriebenen philosophischen Hauptwerke entspricht. Als Universitätslehrer trug Kant nämlich durchaus gefällig, ja, geradezu unterhaltsam vor. Dies gilt insbesondere für seine öffentliche Vorlesung über Anthropologie, was die gedruckte Fassung *Anthropologie in pragmatischer Hinsicht abgefaßt* (1798) nachdrücklich dokumentiert.

Johann Gottfried Herder legte noch 1795 beredtes Zeugnis von Kants Lehrtätigkeit ab, obwohl er diesem inzwischen etwas gram war. Kant hatte nämlich in seiner Rezension (1785) von Herders Schrift *Ideen zur Philosophie der Geschichte der Menschheit* den Verfasser ermahnt, „seinem lebhaften Genie einigen Zwang" durch „bestimmte Begriffe" aufzuerlegen (VIII, 55). Gleichwohl bekannte Herder:

> Ich habe das Glück genossen, einen Philosophen zu kennen, der mein Lehrer war. Er, in seinen blühendsten Jahren, hatte die fröhliche Munterkeit eines Jünglinges, die, wie ich glaube, ihn auch in sein greisestes

Alter begleitet. Seine offene, zum Denken gebaute Stirn war ein Sitz unzerstörbarer Heiterkeit und Freude; die gedankenreichste Rede floß von seinen Lippen; Scherz und Witz und Laune standen ihm zu Gebot, und sein lehrender Vortrag war der unterhaltendste Umgang. Mit eben dem Geist, mit dem er *Leibniz*, *Wolff*, *Baumgarten*, *Crusius*, *Hume* prüfte und die Naturgesetze *Kepler's*, *Newton's*, der *Physiker* verfolgte, nahm er auch die damals erscheinenden Schriften *Rousseau's*, seinen „Emil" und seine „Heloise", sowie jede ihm bekannt gewordene Natur-entdeckung auf, würdigte sie und kam immer zurück auf unbefangene *Kenntnis der Natur* und auf *moralischen Wert des Menschen* [...]. Er munterte auf und zwang angenehm zum *Selbstdenken*; Despotismus war seinem Gemüt fremde.[4]

Was hier zur Sprache kommt, steht in einem auffälligen Kontrast zu dem Vorwurf der vernünftelnden Abstraktheit, der häufig gegen Kant erhoben worden ist. Tatsächlich hat sich Kant nicht gegen Erfahrung ohne metaphysische Vernunfterkenntnis, sondern gera-de umgekehrt, gegen ein Vernünfteln ohne Erfahrung ausgespro-chen. Kants Vernunftphilosophie wollte keineswegs die Rolle der Erfahrung unterdrücken, sondern betrachtete diese für die Heraus-bildung der Vernunft als unabdingbar.

Ein Blick auf die pädagogischen Auffassungen Kants belehrt uns außerdem, dass Kant auch zu Unrecht der Unterdrückung der Natur (im Sinne des Natürlichen) durch Vernunft beschuldigt wird. Eine solche Unterdrückung hatte Kant selbst in seiner Schülerzeit an dem pietistischen *Collegium Fridericianum* erfahren. Trotz sei-ner teilweise auch positiven Einstellung zum Pietismus, wie ihn seine Eltern vorlebten, kommentierte er den Besuch dieser Anstalt

---

4   Briefe zu Beförderung der Humanität, Brief 79; in: Herder's Werke, hg. von Heinrich Düntzer. Berlin o. J. [ca. 1879], Bd. 13, S. 350. Wir finden hier bestä-tigt, dass Kants Vorlesungen in großen Teilen aus einer problemorientierten Lektüre der Klassiker seiner eigenen Zeit bestanden haben.

mit den Worten, „ihn überfiele Schrecken und Bangigkeit, wenn er an jene Jugendsklaverei zurückdächte".[5]

Kants negative Erfahrungen dürften dazu beigetragen haben, dass er sich für die Reformpädagogik seiner Zeit, den so genannten Philanthropismus (‚Philanthrop' = ‚Menschenfreund'), entschieden einsetzte. Dieser war bemüht, aufklärerische Ideen in einer Reform des Schul- und Erziehungswesens zu verwirklichen. Man trat in ausdrücklichen Gegensatz zu dem zeitgenössischen formalistischen Schulbetrieb und forderte eine ganzheitliche Erziehung mit kindgemäßen Methoden, die gerade nicht auf die Schulung des Verstandes (oder der Vernunft) beschränkt bleiben sollte. Trennung von Staat und Kirche im Schulwesen und tolerante Religiosität gehörten zu den gesellschaftspolitischen Zielen dieser Erziehungsbewegung, als deren Vertreter J. B. Basedow (1724–1790), J. H. Campe (1746–1818) und C. G. Salzmann (1744–1811) hervorgetreten sind. Wie sehr Kant mit diesen Leuten geistig übereinstimmte, bekunden seine Worte, mit denen er 1776 einen sechsjährigen Schüler für die Aufnahme in das von Basedow gegründete Dessauer Philanthropin empfahl:

> Die Erziehung desselben ist bisher nur negativ gewesen, die beste, welche man ihm, wie ich glaube, vor sein Alter nur hat geben können. Man hat die Natur und den gesunden Verstand seinen Jahren gemäß sich ohne Zwang entwickeln lassen und nur alles abgehalten, was ihnen und der Gemütsart eine falsche Richtung geben könnte.[6]

Für die Dessauer Erziehungsanstalt warb Kant unter anderem in zwei kurzen *Aufsätzen, das Philanthropin betreffend* (1776–1777), und er war sich auch nicht zu schade, persönlich Abonnenten für deren Reformzeitschrift *Pädagogische Unterhandlungen* zu gewinnen. Aus dem zweiten der genannten Aufsätze sei der Anfang hier zitiert:

---

5   Zitiert nach K. Vorländer: Immanuel Kants Leben. 2. Auflage Leipzig 1921, S. 10.
6   Ebd., S. 102f.

Es fehlt in den gesitteten Ländern von Europa nicht an Erziehungsanstalten und an wohlgemeintem Fleiße der Lehrer, jedermann in diesem Stücke zu Diensten zu sein, und gleichwohl ist es jetzt einleuchtend bewiesen, daß sie insgesamt im ersten Zuschnitt verdorben sind, daß, weil alles darin der Natur entgegen arbeitet, dadurch bei weitem nicht das Gute aus dem Menschen gebracht werde, wozu die Natur die Anlage gegeben,[7] und daß, weil wir tierische Geschöpfe nur durch Ausbildung zu Menschen gemacht werden, wir in kurzem ganz andre Menschen um uns sehen würden, wenn diejenige Erziehungsmethode allgemein in Schwang käme, die weislich aus der Natur selbst gezogen und nicht von der alten Gewohnheit vorher[iger] und unerfahrener Zeitalter sklavisch nachgeahmt worden.

Es ist aber vergeblich dieses Heil des menschlichen Geschlechts von einer allmählichen Schulverbesserung zu erwarten. Sie müssen umgeschaffen werden, wenn etwas Gutes aus ihnen entstehen soll: weil sie in ihrer ursprünglichen Einrichtung fehlerhaft sind, und selbst die Lehrer derselben eine neue Bildung annehmen müssen. Nicht eine langsame *Reform*, sondern eine schnelle *Revolution* kann dieses bewirken. (II, 449)

Kant erweist sich hier als ein der Welt zugewandter entschiedener Aufklärer, der ganz im Geiste Rousseaus die natürlichen Anlagen des Menschen nicht durch Vernunft unterdrücken, sondern ganz im Gegenteil befördern wollte. Diese Auffassung hat Kant zeitlebens beibehalten. In seiner aus Vorlesungen hervorgegangenen *Pädagogik* (1803) betont er allerdings – in Absetzung von seinem verehrten Rousseau – auch die Unverzichtbarkeit von „Disziplin" (IX, 442). Es bleibt aber dabei: „Gute Erziehung gerade ist das, woraus alles Gute in der Welt entspringt. Die Keime, die im Menschen liegen, müssen nur immer mehr entwickelt werden." (IX, 448)

---

7   Der Mensch ist danach – im Sinne von Rousseau – von Natur aus gut. Später ist Kant weniger optimistisch.

2 Kant als Person

Kant war auch privat alles andere als ein vernünftelnder Griesgram, der seinen Mitmenschen die Freude am Leben durch den ständig erhobenen moralisch-vernünftigen Zeigefinger verdorben hätte. Für asketische Lebensformen hatte er ohnehin nichts übrig, sah er doch in ihnen, wie es in der *Anthropologie in pragmatischer Hinsicht* heißt, „verzerrte Gestalten der Tugend", die „von den Grazien verlassen" keinen Anspruch „auf Humanität" erheben können (VII, 282).

Kant forderte von jedem seine Pflicht zu erfüllen, er hielt aber gewiss nichts davon, zur Pflicht gezwungen zu werden. Kants Begriff der Pflicht hat der Idee nach überhaupt nichts mit Zwang und Unfreiheit zu tun, sondern ganz im Gegenteil mit der Einsicht freier Menschen, das zu tun, was sie tun sollten – *sollten* schon; aber aus Vernunftgründen, also gerade ohne Androhung von Strafe, sei diese nun göttlicher oder menschlicher Art. So widerspricht es denn auch völlig einem solchen Pflichtbegriff, ihn ins Spiel zu bringen, um sich für begangenes Unrecht oder gar für Verbrechen mit den Worten zu entschuldigen, man habe ja nur seine Pflicht getan.[8]

Kant war gesellig, beliebt und ein gern gesehener Gast, bei Mann *und* Frau – trotz oder vielleicht auch wegen seines wahrscheinlichen Verzichts auf Geschlechtsliebe. Übrigens hätte Kant zweimal beinahe geheiratet, zögerte jedoch in beiden Fällen zu lange, so dass die erste Kandidatin, die als „junge, schöne und sanfte Witwe" beschrieben wird, inzwischen den Antrag eines anderen angenommen hatte, während die zweite, ein junges Mädchen aus Westfalen, unterdessen wieder abgereist war.[9] Überdies soll Kant auch den Reizen einer, wie es heißt, „etwas leichten Schönen" fast erlegen sein. Wie auch immer, als unverheirateter

---

8   Vgl. Hannah Arendt: Eichmann in Jerusalem. Ein Bericht von der Banalität des Bösen. Leipzig 1990, S. 244ff.
9   Vorländer: Immanuel Kants Leben, S. 142.

Philosoph – dabei keineswegs ein Weiberfeind, wie etwa Schopenhauer – befindet sich Kant in guter Gesellschaft. Von den Großen sind einige unverheiratet gewesen. Nietzsche meinte gar, dass der verheiratete Philosoph in die Komödie gehöre.[10]

Für einen Philosophen der Vernunft ungewöhnlich legte Kant großen Wert auf sein Äußeres und kleidete sich, soweit seine finanziellen Möglichkeiten dies zuließen, nach der Mode. Dieses Verhalten rechtfertigte er in der *Anthropologie* mit den Worten:

> *In der Mode* sein, ist eine Sache des Geschmacks; der *außer* der Mode einem vorigen Gebrauch anhängt, heißt *altväterisch*; der gar einen Wert darin setzt, außer der Mode zu sein, ist ein *Sonderling*. Besser ist es aber doch immer, ein Narr in der Mode als ein Narr außer der Mode zu sein, wenn man jene Eitelkeit überhaupt mit diesem harten Namen belegen will: welchen Titel doch die Modesucht wirklich verdient, wenn sie jener Eitelkeit wahren Nutzen oder gar Pflichten aufopfert. (VII, 245)

Für die der Welt zugewandte Art Kants spricht, dass er bei aller Vernunft-Philosophie äußerst begierig war, anregende und unterhaltsame Gespräche außerhalb der Philosophie zu führen. Er stellte sogar Überlegungen zur Zusammensetzung geselliger Tischgesellschaften an. Besonders bedenkenswert dürfte die Begründung sein, warum es für einen philosophierenden Gelehrten, im Unterschied zu anderen, ungesund sei, alleine zu essen:

> Denn der *philosophierende* muß seine Gedanken fortdauernd bei sich herumtragen, um durch vielfältige Versuche ausfindig zu machen, an welche Prinzipien er sie systematisch anknüpfen solle, und die Ideen, weil sie nicht Anschauungen sind, schweben gleichsam in der Luft ihm vor. Der historisch- oder mathematisch-gelehrte kann sie dagegen vor sich hinstellen und [...], weil das vorige in gewissen Punkten ausgemacht ist, den folgenden Tag die Arbeit von da fortsetzen, wo er sie gelassen hatte. (VII, 280, Anm.)

---

10 Friedrich Nietzsche: Zur Genealogie der Moral; in: Werke, hg. von Karl Schlechta. 7. Auflage München 1973, Bd. 2, S. 761–900, hier S. 849.

Mit anderen Worten, der Philosophierende kommt, wenn er alleine isst, nicht auf andere Gedanken, was er doch als ein das Essen genießender Mensch sollte; denn:

> Der *genießende* Mensch, der im Denken während der einsamen Mahlzeit an sich selbst zehrt, verliert allmählich die Munterkeit, die er dagegen gewinnt, wenn ein Tischgenosse ihm durch seine abwechselnden Einfälle neuen Stoff zur Belebung darbietet, welchen er selbst nicht hat ausspüren dürfen. (VII, 280)

Diese diätetische Einsicht hat Kant lebenspraktisch stets beachtet. Er bekräftigt sie noch in *Der Streit der Fakultäten* (1798), wo es heißt:

> Es finden sich krankhafte Gefühle ein, wenn man in einer Mahlzeit ohne Gesellschaft sich zugleich mit Bücherlesen oder Nachdenken beschäftigt, weil die Lebenskraft durch Kopfarbeit von dem Magen, den man belästigt, abgeleitet wird. (VII,109)

Um solche Gefahr zu vermeiden, legte Kant Wert auf Tischgenossen, wobei er Kaufleute und andere Nicht-Philosophen bevorzugte, weil sie ihm „neuen Stoff zur Belebung" bieten konnten. Diesem außerphilosophischen Umgang verdankt Kant neben seinen reichen anthropologischen Kenntnissen auch die geographischen, welche ihn in den Stand setzten, als einer der ersten Hochschullehrer überhaupt regelmäßig Vorlesungen über Erdkunde unter dem Titel *Physische Geographie* zu halten;[11] und dies, obwohl er – abgesehen von einer langjährigen Tätigkeit als Hauslehrer nach dem Studium – kaum einmal über die Stadtgrenzen von Königs-

---

11 Die Vorlesungen gingen weit über die Geographie im engeren Sinne hinaus, indem sie unter anderem auch geologische und biologische Themen ausführlich behandelten. Vgl. die spätere Edition (1802) von Friedrich Theodor Rink in IX, 151–436. Ergänzend vgl. ferner die in den Bänden XXVI.1 und XXVI.2 veröffentlichten Materialien.

berg hinausgekommen ist. Kant gibt in der *Anthropologie* selbst die passende Situationsbeschreibung:

> Eine große Stadt, der Mittelpunkt eines Reichs, in welchem sich die Landescollegia der Regierung desselben befinden, die eine Universität (zur Kultur der Wissenschaften) und dabei noch die Lage zum Seehandel hat, welche durch Flüsse aus dem Inneren des Landes sowohl, als auch mit angrenzenden entlegenen Ländern von verschiedenen Sprachen und Sitten einen Verkehr begünstigt, – eine solche Stadt, wie etwa *Königsberg* am Pregelflusse, kann schon für einen schicklichen Platz zu Erweiterung sowohl der Menschenkenntnis als auch der Weltkenntnis genommen werden, wo diese, auch ohne zu reisen, erworben werden kann. (VII, 120f., Anm.)

In der oben besprochenen Vorlesungsankündigung begründet Kant die Einrichtung seiner geographischen Vorlesung mit den Worten, „daß eine große Vernachlässigung der studierenden Jugend vornehmlich darin bestehe, daß sie frühe *vernünfteln* lernt, ohne gnugsame historische Kenntnisse, welche die Stelle der *Erfahrenheit* vertreten können, zu besitzen" (II, 312). Dem Mangel an Erfahrungskenntnissen sollte auch die anthropologische Vorlesung abhelfen. Zu beiden Vorlesungen vermerkt Kant nicht ohne Genugtuung, dass ihnen „als populären Vorträgen beizuwohnen, auch andere Stände geraten fanden" (VII, 122, Anm.). Mit anderen Worten: Kant, der angeblich so ‚trockene' Philosoph der Vernunft, schaffte es, die Bürger seiner Stadt auf angenehmste Weise unterhaltend zu unterrichten.

3 Die Werke der kritischen Phase im Überblick

In der Metaphysik hielt Kant nichts von einer populären Darstellung. Bereits seine *Kritik der reinen Vernunft* (1781) präsentiert ihren anspruchsvollen Stoff, an dem man sich ein Leben lang abarbeiten kann, in äußerst trockener Form, sozusagen ‚extra dry'. Nachdem Kant sich dem Vorwurf der Dunkelheit ausgesetzt sah, bemühte er sich in den *Prolegomena zu einer jeden künftigen Metaphysik, die als Wissenschaft wird auftreten können* (1783), die Grundgedanken der *Kritik der reinen Vernunft* im Nachgang verständlicher zu machen. Prolegomena (eine Pluralbildung zu dem Singular ‚Prolegomenon') sind dem Wortlaut nach einleitende Vorbemerkungen. Mit Blick auf die Metaphysik sind sie es auch. In ihrer Beziehung zur *Kritik der reinen Vernunft* handelt es sich dagegen um erklärende Nachbemerkungen. In der Vorrede lehnt Kant es ausdrücklich ab, seinen Lesern in dem Bemühen um Verständlichkeit noch weiter entgegenzukommen. Derlei verbiete die Sache, die eben als solche schwierig sei. Wenn sich diese Schwierigkeit in der Darstellung niederschlage, so würde „die so beschriebene Dunkelheit (eine gewohnte Bemäntelung seiner eigenen Gemächlichkeit oder Blödsichtigkeit) auch ihren Nutzen" haben, nämlich die lockere Spreu vom festen metaphysischen Weizen zu trennen, oder, wie sich Kant mit Bezug auf Vergil ausdrückt: das träge Volk der Drohnen von den Bienenkörben fernzuhalten (*Prolegomena*: IV, 264). Diese Bemerkung als intellektuelle Arroganz auszulegen, ist unzutreffend. Kant war, völlig zu Recht, der Auffassung, dass nicht jeder Mensch Philosophie studieren müsse (IV, 263), und er hat auch niemals einen Zweifel daran gelassen, dass sich der Wert eines Menschen nicht nach einer solchen Fähigkeit bemisst. Diese Einstellung ist daran zu erkennen, dass er im täglichen Umgang die Gesellschaft von Nicht-Philosophen bevorzugte; aber Kant bestand darauf, dass Philosophie als *Wissenschaft*, wie andere Wissenschaften auch, nicht leichter gemacht werden könne, als sie es eben ist. So betont er auch noch später in der *Metaphysik der Sitten* mit Blick auf die Metaphysik: „Hier ist an keine

Popularität (Volkssprache) zu denken, sondern es muß auf scholastische *Pünktlichkeit*, wenn sie auch Peinlichkeit gescholten würde, gedrungen werden [...]." (VI, 206) Was Kant ärgerte, war der Umstand, dass „alle die in Ansehung aller andern Wissenschaften ein behutsames Stillschweigen beobachten, in Fragen der Metaphysik meisterhaft sprechen und dreist entscheiden". (IV, 264)

An die *Prolegomena* schließt sich die *Grundlegung zur Metaphysik der Sitten* (1785) an, die in gedrängter Form die Grundgedanken von Kants Ethik entwickelt. Sie stellt insofern einen Vorgriff dar, als sie Grundzüge der Metaphysik der Sitten vorträgt, noch bevor die entsprechende Kritik vorliegt. Diese wird dann mit der *Kritik der praktischen Vernunft* (1788) nachgeholt. Zuvor erschien das Pendant zur Metaphysik der Sitten innerhalb der theoretischen Philosophie, nämlich die *Metaphysischen Anfangsgründe der Naturwissenschaft* (1786), in denen Kant nach erfolgter Kritik der reinen theoretischen Vernunft den erfahrungsunabhängigen Teil der Naturwissenschaft entwickelt. Die *Anfangsgründe* enthalten noch nicht die vollständig ausgebaute Metaphysik der Natur, an der Kant bis zum Ende seines Lebens weiter gearbeitet hat, ohne sie aber vollenden zu können. Die Vorarbeiten finden sich im *Opus postumum*. Der entsprechende systematische Ausbau im Bereich der praktischen Philosophie entstand dann, wie in der theoretischen Philosophie, erst nach erfolgter Kritik, also nach der Veröffentlichung der *Kritik der praktischen Vernunft*, und zwar als *Metaphysik der Sitten* (1797). Diese besteht aus zwei im selben Jahr selbständig erschienenen Teilen, den *Metaphysischen Anfangsgründen der Rechtslehre* und den *Metaphysischen Anfangsgründen der Tugendlehre*, die ihren Titeln entsprechend die Ausführungsbestimmungen zum Recht und zur Moral enthalten.

Die Werke der theoretischen und praktischen Philosophie sind in der Übersicht Nr. 1 in ihren Entsprechungen (nicht in chronologischer Abfolge) einander gegenübergestellt.

THEORETISCHE PHILOSOPHIE Metaphysik der Natur	PRAKTISCHE PHILOSOPHIE Metaphysik der Sitten
Kritik der reinen Vernunft (1781, 2. Auflage 1787)	*Kritik der praktischen Vernunft* (1788)
Prolegomena zu einer jeden künftigen Metaphysik, die als Wissenschaft wird auftreten können (1783)	*Grundlegung zur Metaphysik der Sitten* (1785)
Metaphysische Anfangsgründe der Naturwissenschaft (1786)	*Metaphysik der Sitten* (1797)

Übersicht Nr. 1

Eine solche Aufteilung entspricht dem ursprünglichen Plan Kants zu einer kritischen Neubegründung der Metaphysik. Zu entnehmen ist dies noch der *Vorrede* zur *Grundlegung zur Metaphysik der Sitten*, in der Kant zustimmend die antike Einteilung der Philosophie in Physik, Ethik und Logik aufgreift. Indem er dann die Logik als „formale Philosophie" abtrennt, weil sie sich bloß mit „den allgemeinen Regeln des Denkens überhaupt ohne Unterschied der Objekte" beschäftige, verbleiben Physik und Ethik als materiale Disziplinen, die sich durch ihre Gegenstände als *Natur*lehre und *Sitten*lehre unterscheiden. Deren erfahrungsunabhängige Teile sind dann die Metaphysik der Natur und die Metaphysik der Sitten.

Nicht vorgesehen war zunächst eine dritte *Kritik*, die als *Kritik der Urteilskraft* 1790 in den zwei Teilen *Kritik der ästhetischen Urteilskraft* und *Kritik der teleologischen Urteilskraft* erschien. Beide Schriften stellen wesentliche Erweiterungen der kritischen Philosophie Kants dar (siehe Kapitel 16–18).

Erfahrungsgesättigte Auskünfte und Überlegungen zu Themen der drei *Kritiken* bietet die bereits herangezogene *Anthropologie in pragmatischer Hinsicht*. Im Druck erschien sie erst 1798 als Ausarbeitung der von Kant Jahrzehnte lang gehaltenen Vorlesung. Die späte Veröffentlichung ist als Indiz dafür zu werten, dass Kant dieses Werk nicht der eigentlichen Philosophie zurechnete. Wir dürfen daraus aber nicht den falschen Schluss ziehen, dass Kant das empirische, nur durch Erfahrung zu erwerbende Wissen gering achtete. Für ihn bedarf die Philosophie als Disziplin zwar nicht der Erfahrung zu ihrer Begründung. Das heißt, ihre *Geltung* beruht nicht auf Erfahrung. Der Philosoph als denkender Mensch aber bedarf sehr wohl der Erfahrung in seiner eigenen *Genese*, nämlich in seiner Entwicklung als Person, weil er sonst gar nicht in den Stand gesetzt würde, eine wirkliche Philosophie auszuarbeiten. Diesen Aspekt unterstreicht Kant in der *Nachricht von der Einrichtung seiner Vorlesungen* mit den Worten, dass Philosophie „eigentlich nur eine Beschäftigung für das Mannesalter" sei (II, 306). Heute würde Kant natürlich politisch korrekt von einer „Beschäftigung für das Erwachsenenalter" sprechen. Die *Anthropologie* bietet unter anderem eine empirische Analyse des Erkenntnisvermögens (mit seinen Stärken und Schwächen), des Gefühls der Lust und Unlust (mit Bezug auf das Angenehme und Schöne) sowie des Begehrungsvermögens (mit Bezug auf die Sittenlehre). Sie erweist sich insgesamt als eine Schatzkammer von treffenden Beobachtungen des Menschen in seinen theoretischen wie praktischen Fähigkeiten, Bemühungen und Schwächen.

Wesentlich ergänzt wird die kritische Philosophie Kants durch die Schrift mit dem vielsagenden Titel *Die Religion innerhalb der Grenzen der bloßen Vernunft* (1793) sowie durch wegweisende kleinere Schriften zur Aufklärung, Gegenaufklärung und Geschichtsphilosophie.

Die letzten Lebensjahre Kants waren durch Altersschwäche stark beeinträchtigt. Seine letzte Vorlesung hatte Kant schon 1796 (über Logik) gehalten. Ab 1800 veröffentlichte er selbst nichts mehr, veranlasste aber noch die Herausgabe der Vorlesungen über Logik (1800), Physische Geographie (1802) und Pädagogik (1803) durch andere auf der Grundlage seiner Aufzeichnungen. Aus heutiger Sicht hat sich besonders die Bearbeitung der Logik durch Gottlob Benjamin Jäsche als philologisch problematisch erwiesen, weil sie Aufzeichnungen aus unterschiedlichen Zeiten kommentarlos zusammengestellt hat. Die Logik wartet bis heute auf eine historisch-kritische Edition. Kant starb am 12. Februar 1804.

Nach diesem Überblick über die Abfolge von Kants Schriften der kritischen Phase erfolgt nun die inhaltliche Behandlung der wichtigsten Themen. Im Mittelpunkt stehen dabei die drei *Kritiken*. Als aufschlussreich erweist sich deren Aufbau, der weitgehend der Gliederung der formalen Logik folgt.

4 Das Wahre, das Gute und das Schöne

Zentrale Themen der Philosophie sind das Wahre, das Gute und das Schöne. Diese lassen sich Kants drei *Kritiken* wie folgt zuordnen: Die *Kritik der reinen Vernunft* behandelt das Wahre, die *Kritik der praktischen Vernunft* das Gute und die *Kritik der Urteilskraft* in ihrem ersten Teil, nämlich in der *Kritik der ästhetischen Urteilskraft*, das Schöne (ergänzt durch das Erhabene). Die Ausdrucksweise *das* Wahre, *das* Gute und *das* Schöne könnte eine Vergegenständlichung nahelegen, die nicht Kants Auffassung entspricht. Nach Kant erfassen wir nicht bestimmte Gegenstände oder Platonische Ideen des Wahren, Guten und Schönen, sondern wir bilden entsprechende *Urteile*, in denen etwas als ‚wahr', ‚gut' oder ‚schön' beurteilt wird. Dementsprechend haben wir es mit einem *Erkenntnisurteil*, einem *moralischen Urteil* oder einem *ästhetischen Urteil* zu tun. Diese Urteile sind ihrerseits verschiedenen Vermögen zugeordnet. Mit diesen sind die unterschiedlichen Fähigkeiten (lat. facultates) der als Kraft (lat. vis) gefassten Seele gemeint. Sie werden von Kant daher als „Seelenvermögen" oder auch als „Vermögen des Gemüts" geführt, wobei „Gemüt" hier nichts mit Gemütlichkeit zu tun hat.

Die Theorie der Seelenvermögen ist vor Kant von den Rationalisten Christian Wolff (1679–1754) und seinem Schüler Alexander Gottlieb Baumgarten (1714–1762) im Ausgang von Unterscheidungen bei Leibniz ausgebaut worden. Auf Einzelheiten ist hier nicht einzugehen. Wichtig ist aber, dass die einzelnen *Kritiken* jeweils einem bestimmten Vermögen zugeordnet sind, nämlich die *Kritik der reinen Vernunft* dem *Erkenntnisvermögen*, die *Kritik der praktischen Vernunft* dem *Begehrungsvermögen* und die *Kritik der ästhetischen Urteilskraft* dem *Gefühl der Lust und Unlust*. Genau diese drei Vermögen werden auch in den drei Büchern des ersten Teils der *Anthropologie* behandelt, allerdings aus der Sicht der empirischen Psychologie mit dem Ziel einer lebenspraktischen Anwendung. Kant steht hier in der Tradition der *Psychologia empiri-*

ca Wolffs und Baumgartens.[12] Ziel der kritischen Philosophie ist es dagegen, die nicht-empirischen, also apriorischen Prinzipien dieser Vermögen ausfindig zu machen. Zusammenfassend erhalten wir die Übersicht Nr. 2.

Kritik d. reinen Vernunft	*Kritik d. prakt. Vernunft*	*Kritik d. ästh. Urteilskraft*
das Wahre	das Gute	das Schöne/das Erhabene
Erkenntnisurteil	moralisches Urteil	ästhetisches Urteil
Erkenntnisvermögen	Begehrungsvermögen	Gefühl der Lust und Unlust

Übersicht Nr. 2

Es bedarf noch einiger Erläuterungen, die das Verhältnis der drei Vermögen betreffen, insbesondere die Frage ihrer Unabhängigkeit voneinander. So könnte man darauf hinweisen, dass das Gefühl der Lust und Unlust ja auch das Erkennen begleite und das Begehren sogar bedinge. So gibt es Leute, denen die Lektüre der *Kritik der reinen Vernunft* Lust im Sinne von Vergnügen bereitet, weil sie ihnen wichtige Erkenntnisse vermittelt, und andere, denen sie Unlust bereitet, weil der Text schwierig zu verstehen ist. Ein Vergnügen an der Erkenntnis wirkt motivierend, und der gute Pädagoge ist bekanntlich derjenige, der es versteht, solches Vergnügen in seinen Schülern zu wecken. Gleichwohl bleibt die Erkenntnis selbst aber unabhängig von einem Gefühl der Lust. Schließlich machen wir bisweilen ja auch schmerzliche Erkenntnisse. Das Gefühl der Lust und Unlust mag das Erkennen begleiten, fundiert es aber

---

12 Alexander Gottlieb Baumgartens *Metaphysica* (Halle 1739, 7. Auflage 1779), die die *Psychologia empirica* enthält (§§ 504ff.), schätzte Kant wegen „des Reichtums und der Präzision seiner Lehrart" und legte sie seiner eigenen Metaphysik-Vorlesung zu Grunde. Siehe *Nachricht von der Einrichtung seiner Vorlesungen* (II, 308f.).

nicht. Beim Begehren ist eine solche Unabhängigkeit vom Gefühl der Lust und Unlust weniger klar; denn begehren tun wir zunächst ja nur das, was uns Vergnügen bereitet oder doch in Aussicht stellt, während wir meiden, was uns Missvergnügen bereitet. Dies war auch Kant klar. Niemand wird aber erwarten, dass unser Philosoph der Vernunft seine praktische Philosophie auf das ‚Lustprinzip‘ gründen würde. Weitere Aufschlüsse geben Kants Begriffsbestimmungen in dieser Sache in der *Kritik der praktischen Vernunft*:

> **Leben** ist das Vermögen eines Wesens, nach Gesetzen des Begehrungsvermögens zu handeln. Das **Begehrungsvermögen** ist *das Vermögen* desselben, *durch seine Vorstellungen Ursache von der Wirklichkeit der Gegenstände dieser Vorstellungen zu sein.* **Lust** ist die *Vorstellung der Übereinstimmung des Gegenstandes oder der Handlung mit den **subjektiven** Bedingungen des Lebens*, d. i. mit dem Vermögen der *Kausalität einer Vorstellung in Ansehung der Wirklichkeit ihres Objekts* (oder der Bestimmung der Kräfte des Subjekts zur Handlung es hervorzubringen). (V, 9, Anm.)

Das Begehrungsvermögen ist demnach das Vermögen des Menschen, dasjenige, was er sich als Wunsch vorstellt, auch wirklich zu wollen, nämlich in die Tat umzusetzen, wobei von Kant in diesem Zusammenhang ausdrücklich anerkannt wird, dass bereits die *Vorstellung* der Realisierbarkeit eines Wunsches Lust bereitet. Der bloße Wunsch wird in der *Anthropologie* als das „Begehren ohne Kraftanwendung zur Hervorbringung des Objekts" bestimmt (VII, 251). Er verbleibt also im Bereich des Vorstellens. An derselben Stelle heißt es: „Die habituelle sinnliche Begierde heißt *Neigung*." Danach könnte es so scheinen, als würden wir einer Neigung nur dann folgen, wenn wir *sinnlich* begehren ohne nachzudenken, ohne unser Denken kontrollierend einzuschalten. Diese Deutung würde aber zu kurz greifen.

Kant unterscheidet von dem sinnlichen Begehren das denkende Begehren, das einem gesetzten Zweck folgt. Dieses nennt er „Wille" und definiert in der *Kritik der Urteilskraft*: „Das Begehrungsvermögen, sofern es nur durch Begriffe, d. i. der Vorstellung eines Zwecks gemäß zu handeln, bestimmbar ist, würde der Wille sein." (V, 220) Vgl. die Ausführungen in der *Metaphysik der Sitten* (VI, 213f.).

Indem für Kant der Wille durch Begriffe bestimmt wird, ist bereits terminologisch ein unbewusstes Wollen ausgeschlossen. Damit einher geht eine Intellektualisierung des Willens. Die klassische Gegenposition nimmt Schopenhauer ein, für den der Wille – gerade auch unbewusst – die Richtung des Handelns vorgibt und der Intellekt dem Willen lediglich als „bloßer Sklave" dient, den besten Weg bei der Realisierung des Gewollten ausfindig zu machen.[13]

Nun kann auch das zweckgerichtete Wollen dem Lustprinzip folgen, indem nicht blind, sondern klug, nämlich ganz zweckrational die eigene Lustmaximierung betrieben wird. Das Verhalten bleibt dabei letztlich ebenfalls durch Neigung bestimmt, aber in kalkulierter Weise. Daher ist es sachgemäßer, wenn Kant in der *Metaphysik der Sitten* Neigung schlicht als „habituelle Begierde" ohne den Zusatz von „sinnlich" zu „Begierde" bestimmt (VI, 212); denn es gibt eben auch *intellektuelle* Neigungen.

Von einem Wollen, das dem Lustprinzip folgt, unterscheidet Kant das reine Wollen, das sich nicht durch Neigungen und damit auch nicht durch das Gefühl der Lust oder Unlust leiten lässt, sondern durch Gründe der reinen praktischen, nämlich moralischen Vernunft bestimmt wird. Kant macht in der *Kritik der praktischen Vernunft* sehr deutlich, dass es vom moralischen Standpunkt aus betrachtet keinen Unterschied macht, „ob die **Vorstellungen**, die mit dem Gefühl der Lust verbunden sind, in den *Sinnen* oder dem *Verstande* ihren Ursprung haben". (V, 23). Aus diesem Grunde kritisierte er an derselben Stelle auch den Versuch, die Unterscheidung zwischen „unterem" und „oberem" Begehrungsvermögen danach vorzunehmen, ob es sich an einem sinnlichen oder an einem intellektuellen Lustgewinn ausrichtet. Die verständige Nei-

---

13 Arthur Schopenhauer: Die Welt als Wille und Vorstellung, Bd. 2, hg. von Wolfgang von Löhneysen. Darmstadt 1976, S. 274. Diese Auffassung findet sich bereits bei David Hume: A Treatise of Human Nature, ed. L. A. Selby-Bigge. Oxford 1960, S. 415.

gung steht für Kant moralisch nicht höher als die sinnliche Neigung. In beiden Fällen ist das *untere* Begehrungsvermögen tätig.

Von dem unteren Begehrungsvermögen, das durch Neigungen welcher Art auch immer bestimmt ist, unterscheidet Kant dann als das obere Begehrungsvermögen die reine praktische Vernunft selbst, und von dieser heißt es: „Die Vernunft bestimmt in einem praktischen Gesetze unmittelbar den Willen, nicht vermittelst eines dazwischen kommenden Gefühls der Lust und Unlust." (V, 25) Damit sichert Kant dem Begehrungsvermögen als praktischer Vernunft die Unabhängigkeit vom Gefühl der Lust und Unlust. Gemeint ist damit nicht, dass das menschliche Handeln gänzlich ohne ein begleitendes Gefühl der Lust und Unlust erfolgt, sondern, dass dieses Gefühl nicht den *Bestimmungsgrund* des Handelns ausmachen darf.

Weder das Erkennen noch das Begehren dürfen vom Gefühl der Lust und Unlust abhängig sein, wenn die Erkenntnis objektiv und das Begehren moralisch sein will. Jenseits einer lediglich begleitenden Verbindung mit dem Erkennen und Begehren kommt dem Gefühl der Lust und Unlust aber auch eine Eigenständigkeit zu, die Kant in seiner Analyse des ästhetischen Urteils in der *Kritik der ästhetischen Urteilskraft* herausstellt. Danach wird das Gefühl der Lust oder das Gefühl der Unlust insbesondere dann angesprochen, wenn wir ein „Geschmacksurteil" fällen, in dem etwas als schön beziehungsweise hässlich eingestuft wird. Wenn Kant das Gefühl der Lust und Unlust als „Vermögen" auffasst, so versteht er es als passives Vermögen; denn in diesem Fall ist nichts anderes als eine „Empfänglichkeit" für Lust und Unlust gemeint.

Die in Übersicht Nr. 2 vorgenommenen Zuordnungen zwischen den drei *Kritiken*, den drei Vermögen und den drei Urteilsarten gilt es durch weitergehende Analysen zu vertiefen. Dazu ist es notwendig, auf die drei *Kritiken* im Einzelnen einzugehen. Zu beginnen ist mit der Problematik metaphysischer Erkenntnis als dem zentralen Thema der *Kritik der reinen Vernunft*.

5 Metaphysik und Metaphysikkritik

Wörtlich genommen behandelt die Metaphysik dasjenige, was über die Physik hinausgeht. Dies ist auch das Verständnis Kants, für den es in der Metaphysik um Erkenntnis geht, die „jenseits der Erfahrung" liegt (*Prolegomena*: IV, 265).[14] Außer dieser inhaltlichen Bestimmung gibt es auch die bloß formale Erklärung, die Bezeichnung ‚Metaphysik' sei darauf zurückzuführen, dass in der Abfolge der Schriften des Aristoteles die *Metaphysik* hinter dessen *Physik* zu stehen kam. Wie dem auch sei, angesichts der Themen der Metaphysik ist die inhaltliche Charakterisierung jedenfalls zutreffend. Kant, der hier den Benennungen des Rationalismus folgt, führt als Themen die Ideen von „*Gott, Freiheit und Unsterblichkeit*" an (KrV B 7; III, 31), die bestimmten Gebieten zugeordnet sind. Danach haben wir (vgl. *Prolegomena*: IV, §§ 46–56):

(1) die rationale Psychologie mit ihrer Lehre, dass die Seele eine unteilbare und unzerstörbare Substanz ist, als Grundlage für den Beweis der *Unsterblichkeit* der Seele;

(2) die rationale Kosmologie mit ihrer Frage nach der Endlichkeit oder Unendlichkeit der Welt in Raum und Zeit sowie der Frage nach der durchgehend kausalen Determiniertheit der Welt und dementsprechend nach der *Freiheit* des Menschen;

(3) die rationale Theologie mit ihrem Bemühen, die Existenz *Gottes* zu beweisen.

Der spezifizierende Zusatz „rational" hebt jeweils hervor, dass es um den auf erfahrungsunabhängige Vernunftbeweise gegründeten Teil der entsprechenden Disziplinen Psychologie, Kosmologie und Theologie geht. Die angesprochenen Themen gehören zu der von Wolff so genannten *Metaphysica specialis*, von der eine *Metaphysica generalis* unterschieden wird. Dieser allgemeine Teil

---

14   Siehe ferner: Vorlesungen über die Metaphysik. Erfurt 1821. Nachdruck Darmstadt 1988, S. 17.

heißt auch *Ontologia*. Er wird bei Kant durch die Transzendentalphilosophie ersetzt.[15]

Kant betont, dass „*transzendental* und *transzendent* nicht einer-
lei" sei (KrV B 352; III, 236). Transzendent ist dasjenige, was die
Erfahrung transzendiert, also überschreitet, und damit jenseits der
Erfahrung liegt. Es ist gerade der Anspruch der rationalistischen
Metaphysik, einen erkennenden Zugang zur Transzendenz zu haben, der von Kant zurückgewiesen wird. Im Unterschied zu ‚transzendent' ist der Ausdruck ‚transzendental' dagegen positiv besetzt:

> Ich nenne alle Erkenntnis *transzendental*, die sich nicht sowohl mit
> Gegenständen, sondern mit unserer Erkenntnisart von Gegenständen,
> so fern diese a priori möglich sein soll, überhaupt beschäftigt. (KrV B 25;
> III, 43)

Dementsprechend ist das Ziel der Transzendentalphilosophie, die
ontologische Lehre vom Seienden in eine erkenntnistheoretische
Lehre von den apriorischen Bedingungen der Erkenntnis zu überführen.

Folgt Kant in der Aufzählung der Themen der Metaphysik der
rationalistischen Tradition, so nimmt er in systematischer Hinsicht
eine Einteilung in eine Metaphysik der Natur und eine Metaphysik
der Sitten vor (vgl. die Übersicht Nr. 1). Der Titel der Schrift *Prolegomena zu einer jeden künftigen Metaphysik, die als Wissenschaft
wird auftreten können* gibt das Programm an, das Kant in der
Kritik der reinen Vernunft in Absetzung vom Rationalismus verfolgt.
Es geht ihm um die Begründung einer „künftigen" Metaphysik „als
Wissenschaft", was besagt, dass eine solche Wissenschaft bislang
noch gar nicht vorliegt. Der Nachweis wird in einer grundsätzlichen
Widerlegung der metaphysischen Ansprüche des Rationalismus
geführt. Von der Metaphysik als Wissenschaft unterscheidet Kant

---

15 Vgl. Vorlesungen über die Metaphysik (S. 18), wo die thematische Entsprechung der Transzendentalphilosophie zur traditionellen Ontologie hervorgehoben wird. So auch in der posthum erschienenen Schrift: Fortschritte der Metaphysik (XX, 260).

die Metaphysik „als Naturanlage", die bereits wirklich ist, nämlich als metaphysisches Bedürfnis des Menschen. Dieses Bedürfnis sieht Kant als eine anthropologische Konstante an:

> Daß der Geist des Menschen metaphysische Untersuchungen einmal gänzlich aufgeben werde, ist eben so wenig zu erwarten, als daß wir, um nicht immer unreine Luft zu schöpfen, das Atemholen einmal lieber ganz und gar einstellen würden. (*Prolegomena*: IV, 367)

Dieser Auffassung gemäß lässt sich der Mensch geradezu als metaphysisches Lebewesen verstehen, wobei Kant die metaphysische Tendenz des Menschen aus der traditionellen Bestimmung des Menschen als vernunftbegabtes Lebewesen ableitet, indem er das Vermögen der Vernunft für die Geburt der Metaphysik mit ihren unbeantwortbaren Fragen verantwortlich macht:

> Die menschliche Vernunft hat das besondere Schicksal in einer Gattung ihrer Erkenntnisse: daß sie durch Fragen belästigt wird, die sie nicht abweisen kann, denn sie sind ihr durch die Natur der Vernunft selbst aufgegeben, die sie aber auch nicht beantworten kann; denn sie übersteigen alles Vermögen der menschlichen Vernunft. (KrV A VII; IV, 7)

Ein allgemeines Sinnbedürfnis kommt auch in Religionen zum Ausdruck, ohne dass dabei stets Vernunft im Spiele sein müsste. Ein metaphysisches Sinnbedürfnis artikuliert sich erst dann, wenn der Mythos oder die Offenbarung nicht unhinterfragt hingenommen werden, sondern argumentierende Vernunft an deren Stelle tritt. Dementsprechend hat man den Übergang vom Mythos zum Logos im antiken Griechenland als den historischen Ursprung der Philosophie bestimmt. Kants These ist nun, dass die bisherigen metaphysischen Bemühungen, eine rationale Fassung der Sinnfragen auszuarbeiten, „in Dunkelheit und Widersprüche" geraten sind (KrV A VIII; IV, 7). Wegen dieser Widersprüche dürfe man das metaphysische Bedürfnis nicht seinem naturwüchsigen Verlauf überlassen. Für Kant gilt: „Metaphysik muß Wissenschaft sein, [...] sonst ist sie gar nichts." (*Prolegomena*: IV, 371)

Die Überprüfung der Möglichkeit einer Metaphysik als Wissenschaft ist das zentrale Anliegen der *Kritik der reinen Vernunft*. Das ‚der' im Titel bringt sowohl einen *Genitivus obiectivus* als auch einen *Genitivus subiectivus* zum Ausdruck. Die reine Vernunft mit ihren metaphysischen Erkenntnisansprüchen ist in erster Linie Gegenstand der Kritik. Die Kritik ist danach eine Kritik *an* der reinen Vernunft. Außerdem wird die Kritik aber auch *von* der reinen Vernunft durchgeführt. Die reine Vernunft ist also Objekt und Subjekt der Kritik. Da die Kritisierte und die Kritisierende somit zusammenfallen, haben wir es mit einer *Selbstkritik* der reinen Vernunft zu tun, und schließlich ist diese auch noch die Instanz, die über die Berechtigung der Kritik entscheidet und das Urteil spricht. Die von Kant (KrV A XIf.; IV, 9) verwendete Gerichtshofmetaphorik aufgreifend kann man sagen, dass die reine Vernunft Angeklagte, Anklägerin und Richterin in einem ist.

6 Erkenntnistheorie

Es versteht sich, dass die Kritik als Untersuchung der Möglichkeit einer Metaphysik als Wissenschaft noch nicht die Metaphysik selbst sein kann. Um sich dieser zu nähern, fragt Kant zunächst nach deren Stellung im Vergleich zu anderen Wissenschaften. Die Verhältnisbestimmung nimmt er im Ausgang vom Begriff des Urteils im Sinne des Erkenntnisurteils vor. Das Urteil ist diejenige logische Einheit, die in der traditionellen Logik einen propositionalen, das heißt aussageartigen Erkenntnisanspruch als Wahrheitsanspruch erhebt. Hierdurch hat Kants Vorgehen in der *Kritik der reinen Vernunft* zunächst einen logisch-erkenntnistheoretischen Zuschnitt. Erkenntnistheorie wird hier aber nicht als Selbstzweck, sondern als methodisches Mittel in weitergehender philosophischer Absicht eingesetzt. Kants Vorgehen zielt darauf ab, die Natur metaphysischer Urteile im Vergleich mit den Urteilen bereits etablierter Wissenschaften zu bestimmen. Statt direkt auf die Metaphysik loszugehen, behandelt Kant daher zunächst die Urteile der Logik, der Mathematik und der Physik. Mit ‚Urteil' ist im Folgenden stets das Erkenntnisurteil gemeint.

Wie in der logischen Tradition üblich geht Kant von einer Subjekt-Prädikat-Struktur des Urteils aus. Danach besteht das Urteil aus der Verbindung zwischen einem Subjektbegriff und einem Prädikatbegriff. Die Verbindung wird durch die so genannte Kopula ‚ist' beziehungsweise ‚sind' hergestellt. In einem Urteil ‚S ist (sind) P', wobei ‚S' für den Subjektbegriff und ‚P' für den Prädikatbegriff steht, sagt ‚P' etwas über ‚S' aus.

Die Subjekt-Prädikat-Struktur des Urteils voraussetzend unterscheidet Kant nach der Art der jeweiligen Begründung verschiedene Urteilsarten, nämlich *analytische* im Gegensatz zu *synthetischen* Urteilen und *apriorische* im Gegensatz zu *aposteriorischen* Urteilen. Von den erkenntnistheoretischen Urteils*arten* sind die logischen Urteils*formen* zu unterscheiden. (Zu letzteren siehe Kapitel 7). Apriorische und aposteriorische Urteile werden meist mit nachgestellter Charakterisierung als Urteile *a priori* beziehungsweise *a posteriori* geführt. Analytische Urteile sind solche, deren Wahrheit durch bloße Begriffsanalyse nach dem Satz vom ausgeschlossenen Widerspruch einsichtig gemacht werden kann. Kants Beispiel ist „Alle Körper sind ausgedehnt", weil im Begriff des Körpers als Subjektbegriff des Urteils bereits der Prädikatbegriff der Ausdehnung als Merkmal enthalten ist. Würde man daher dem Subjektbegriff den Prädikatbegriff absprechen, so ergäbe sich ein Widerspruch.[16] Um die Wahrheit dieses Urteils entscheiden zu können, braucht man nur die Inhalte der beiden zum Urteil verbundenen Begriffe zu vergleichen, ohne über diese hinausgehen zu müssen. Hier kommt die Unterscheidung zwischen Urteilen a priori und Urteilen a posteriori ins Spiel. Urteile a priori sind solche, deren Wahrheit (oder Falschheit) erfahrungsunabhängig zu bestimmen ist, während zur Begrün-

---

16 In der *Untersuchung über die Deutlichkeit der Grundsätze der natürlichen Theologie und der Moral* (1764) meint Kant (in der Sache mit Blick auf analytische Urteile), dass der *„Satz des Widerspruchs"* als Grundsatz auf verneinende Urteile beschränkt sei und als Grundsatz für bejahende Urteile der *„Satz der Identität"* gelte (II, 294). In der *Kritik der reinen Vernunft* werden die bejahenden analytischen Urteile zunächst als diejenigen bestimmt, „in welchen die Verknüpfung des Prädikats mit dem Subjekt durch Identität […] gedacht wird". (KrV B 10; III, 33) Diese Formulierung scheint aus der ersten Auflage (KrV A 6f.; IV, 20) stehen geblieben zu sein; denn im Folgenden wird der Satz des (ausgeschlossenen) Widerspruchs als Begründungsprinzip der analytischen Urteile insgesamt genannt (KrV B 12; III, 34). In den *Prolegomena* heißt es explizit: *„Das gemeinschaftliche Prinzip aller analytischen Urteile ist der Satz des Widerspruchs."* (IV, 267) In der *Logik* werden stattdessen ohne Unterscheidung zwischen bejahenden und verneinenden Sätzen analytische Sätze als solche bestimmt, „deren Gewißheit auf *Identität* der Begriffe (des Prädikats mit der Notion des Subjekts) beruht." (IX, 111) Demnach verwendet der spätere Kant wahlweise das Identitätsprinzip oder das Widerspruchsprinzip jeweils für *alle* analytischen Urteile, und beide Prinzipien laufen letztlich auch auf dasselbe hinaus. Genau dann, wenn es zu einem Widerspruch führt, dem Subjektbegriff den Prädikatbegriff abzusprechen, also ein wahres analytisches Urteil vorliegt, ist das Merkmal des Prädikatbegriffs identisch mit einem der Merkmale des Subjektbegriffs; und genau dann, wenn es zu einem Widerspruch führt, dem Subjektbegriff den Prädikatbegriff zuzusprechen, also ein falsches analytisches Urteil vorliegt, ist das Merkmal des Prädikatbegriffs mit keinem der Merkmale des Subjektbegriffs identisch.

dung von Urteilen a posteriori auf Erfahrung zurückgegangen werden muss. Da die Geltung analytischer Urteile einzig mit Hilfe der Begriffsanalyse entscheidbar ist und daher keiner Erfahrung zu ihrer Begründung bedarf, handelt es sich um Urteile a priori.

Kant spricht auch davon, dass analytische Urteile unsere Erkenntnis nicht erweitern. Diese Charakterisierung sollte man aber nicht so verstehen, als seien analytische Urteile damit in jedem Falle trivial. Einem solchen Missverständnis tritt Kant selbst entgegen:

> Ein großer Teil und vielleicht der größte von dem Geschäfte unserer Vernunft besteht in *Zergliederungen* der Begriffe, die wir schon von Gegenständen haben. Dieses liefert uns eine Menge von Erkenntnissen, die, ob sie gleich nichts weiter als Aufklärungen oder Erläuterungen desjenigen sind, was in unsern Begriffen (wiewohl noch auf verworrene Art) schon gedacht worden, doch wenigstens der Form nach neuen Einsichten gleich geschätzt werden, wiewohl sie der Materie oder dem Inhalte nach die Begriffe, die wir haben, nicht erweitern, sondern nur aus einander setzen. (KrV B 9; III, 32f.)

Kant betont denn auch, dass analytische Urteile „eine wirkliche Erkenntnis a priori" vermitteln können (KrV B 10; III, 33), und zwar in der Weise, dass sie „verworrene" Begriffe in „deutliche" überführen (KrV B 13f.; III, 36). Sie erweitern unsere Erkenntnis dann zwar nicht inhaltlich, sehr wohl aber formal, indem sie uns die begrifflichen Zusammenhänge verdeutlichen. Ein heutzutage gebräuchliches Beispiel wie ‚Junggesellen sind unverheiratete Männer' belegt freilich, dass man bei analytischen Urteilen häufig an solche denkt, die auf Grund des Sprachgebrauchs wahr (oder falsch) sind.

Die von Kant verwendete Unterscheidung zwischen verworrenen und deutlichen Begriffen geht auf Leibnizens Unterscheidung zwischen verworrenen und deutlichen Erkenntnissen zurück.[17] Eine

---

17 Gottfried Wilhelm Leibniz: Meditationes de cognitione, veritate et ideis. Dt. Betrachtungen über die Erkenntnis, die Wahrheit und die Ideen; in: Leibniz: Fünf Schriften zur Logik und Metaphysik, hg. von Herbert Herring. Stuttgart 1966, S. 9–17, hier S. 9f.

verworrene Erkenntnis (*cognitio confusa*) ist danach eine klare Erkenntnis (*cognitio clara*), die es ermöglicht, das einmal Erkannte später wiederzuerkennen, ohne dass die verwendeten Begriffe in ihre Merkmale zerlegt sind. Liegt eine Merkmalzerlegung vor, so haben wir es mit einer deutlichen Erkenntnis (*cognitio distincta*) zu tun. Die analytischen Urteile Kants greifen auf solche Merkmalzerlegungen zurück oder tragen zu ihnen bei. Insofern überführen analytische Urteile verworrene Begriffe in deutliche – bis hin zu Definitionen dieser Begriffe durch eine vollständige Merkmalzerlegung. Kants Anerkennung der Erkenntnisleistungen analytischer Urteile impliziert daher, dass für ihn Definitionen einen Erkenntniswert besitzen können.

Beispiele für verworrene Erkenntnisse sind insbesondere solche des täglichen Lebens. So erkennen wir Tische, Stühle und sonstige Möbel als solche wieder, auch ohne dass uns Merkmale der entsprechenden Begriffe bekannt sind. Die Forderung nach deutlichen Begriffen ergibt sich erst für wissenschaftliche Erkenntnisse. Leibniz führt als Beispiele für verworrene Erkenntnisse, die nicht in deutliche überführbar seien, solche der sinnlichen Wahrnehmung an. Daraus ergibt sich für ihn eine Hierarchie der Erkenntnisarten, nach der die Vernunfterkenntnis über der sinnlichen Erkenntnis steht. Im Gegensatz zu Leibniz geht Kant nicht von einer graduellen Abstufung aus, sondern behauptet eine prinzipielle Differenz zwischen Verstandeserkenntnis und Sinneserkenntnis. Zur Begründung siehe Kapitel 9.

Synthetische Urteile lassen sich negativ als nicht-analytische Urteile bestimmen, da ihre Wahrheit (oder Falschheit) nicht durch Begriffsanalyse formal entscheidbar ist, sondern im Prädikatbegriff ein Inhalt ausgesagt wird, der im Subjektbegriff nicht enthalten ist. Kant spricht deshalb auch von „Erweiterungsurteilen" im Unterschied zu analytischen „Erläuterungsurteilen" (KrV B 10f.; III, 33). Zu den synthetischen Urteilen zählen insbesondere die Erfahrungsurteile. Kants Beispiel ist „Alle Körper sind schwer". Da im Begriff des Körpers das Merkmal der Schwere nicht enthalten ist, kann eine Begriffsanalyse die Wahrheit des Urteils nicht entscheiden. Dazu bedarf es vielmehr der Erfahrung, des Bezugs auf Tatsachen.

Allgemein lässt sich festhalten, dass Erfahrungsurteile für die Kombination von aposteriorisch und synthetisch stehen. Außerdem wurde bereits die Kombination von apriorisch und analytisch angeführt. Diese beiden Kombinationen werden auch von Kants Vorgängern, dem Rationalisten Leibniz und dem Empiristen Hume der Sache nach anerkannt. Kants Unterscheidung entspricht bei Leibniz die Aufteilung zwischen Vernunft- und Tatsachenwahrheiten und bei Hume die Aufteilung zwischen Beziehungen von Vorstellungen und Tatsachen.[18] Kants These ist, dass es noch eine dritte Kombinationsmöglichkeit gibt, nämlich die Verbindung von synthetisch und apriorisch. Die Kombination von analytisch und aposteriorisch scheidet aus; denn analytische Urteile sind apriorischer Natur. Dieses Urteil ist selbst ein analytisches Urteil. Bevor das synthetische Apriori genauer in den Blick genommen wird, gilt es zunächst allgemeiner ein häufiges Missverständnis des Apriori auszuräumen.

Kants Apriori ist kein zeitlich-genetisches, sondern ein geltungslogisches oder begründungstheoretisches Apriori. Es ist Kant vollkommen klar, dass wir Erfahrungen gemacht haben müssen, um allererst in den Stand gesetzt zu werden, Geltungsprüfungen überhaupt vornehmen zu können. Die Geltung selbst aber ist unabhängig von der Genese als der Entwicklung dieser Fähigkeit. In diesem Sinne schreibt Kant:

> *Der Zeit nach* geht also keine Erkenntnis in uns vor der Erfahrung vorher, und mit dieser fängt alle an.
>
> Wenn aber gleich alle unsere Erkenntnis mit der Erfahrung anhebt, so entspringt sie darum doch nicht eben alle **aus** der Erfahrung. (KrV, B 1; III, 27)

Um die Unterscheidung zwischen der Genese und der Geltung einer Erkenntnis nicht zu verwischen, sollte man den Ausdruck ‚a priori' in der Rede von einer Erkenntnis a priori besser nicht mit

---

18 Leibniz: Monadologie, hg. von Hermann Glockner. 2. Auflage Stuttgart 1963, §§ 31–35; Hume: Eine Untersuchung über den menschlichen Verstand, hg. von Herbert Herring. Stuttgart 1990, S. 41f.

,*vor* aller Erfahrung' übersetzen, weil dadurch ein zeitliches Verständnis nahegelegt wird. Angemessener ist die Übersetzung ,*unabhängig* von aller Erfahrung'. Gesagt ist damit, dass es verfehlt wäre, sich zur Begründung auf Erfahrung zu berufen.

In den *Prolegomena* geht Kant in dem Bemühen um eine bessere Vermittlung seiner Gedanken nach analytischer Methode vor. Diese Methode gilt Descartes zufolge als Methode des Findens und als besonders gut geeignet, den Leser zur Einsicht zu führen. Kant beschreibt das Vorgehen als regressiv, was besagt, „daß man von dem, was gesucht wird, als ob es gegeben sei, ausgeht und zu den Bedingungen aufsteigt, unter denen es allein möglich [ist]" (IV, 276, Anm.). Die analytische *Methode* hat, was Kant auch betont, ersichtlich nichts mit der Rede von analytischen *Urteilen* zu tun. Sie kommt zum Einsatz, um die Frage zu beantworten, wie synthetische Urteile a priori *möglich* sind. Diese in der ersten Auflage der *Kritik der reinen Vernunft* angedeutete Fragestellung (KrV A 10; IV, 22) wird in der Einleitung zur zweiten Auflage explizit formuliert (KrV B 19; III, 39), wobei Kant in den Ausführungen auf Formulierungen der *Prolegomena* zurückgreift. Eine Beantwortung ist notwendig, weil die Metaphysik ihrem Anspruch nach solche Urteile (neben analytischen Urteilen) enthält. Zum Beispiel lassen sich die Urteile, dass Gott existiert und dass die Seele unsterblich ist, nicht durch Begriffsanalyse begründen. Eine Begründung durch Erfahrung scheidet von vornherein aus. Es handelt sich daher um synthetisch-apriorische Urteile, die durch reine Vernunft bewiesen werden müssten. Kant bestreitet diese Möglichkeit und verwirft damit wesentliche Kernstücke der rationalistischen Metaphysik.

Seine Kritik hat Kant den Ruf eines Alleszermalmers eingetragen. Allerdings übertreibt dieses Prädikat; denn Kant wollte keineswegs alles zermalmen, auch nicht die Metaphysik generell, sondern lediglich die Metaphysik in ihrer zu seiner Zeit bestehenden rationalistischen Form. Die Frage ist daher, ob es begründbare synthetisch-apriorische Urteile der Metaphysik gibt. Von deren Beantwortung hängt es ab, ob Metaphysik *als Wissenschaft* möglich ist oder nicht.

Kant beginnt damit, begründbare synthetische Urteile a priori (und damit synthetisch-apriorische Erkenntnisse) in anderen Wissenschaften als der Metaphysik nachzuweisen, mit dem Ergebnis, dass es solche Urteile in der reinen Mathematik (Arithmetik und Geometrie) und in der reinen Naturwissenschaft (Physik) gibt. Anschließend kommt Kant zur Beantwortung seiner Hauptfrage, wie diese Urteile möglich sind. Der Ausgangspunkt ist freilich umstritten und wird in der Wissenschaftstheorie noch immer diskutiert. Die Vertreter des so genannten Logizismus (Gottlob Frege, Bertrand Russell und Rudolf Carnap) haben insbesondere die Arithmetik rein logisch und damit als analytische Disziplin zu begründen versucht. Frege hat Kant immerhin zugestanden, dass die Geometrie eine synthetisch-apriorische Disziplin sei. Vertreter des Logischen Empirismus (Carnap sowie die Mitglieder des Wiener Kreises) und des Kritischen Rationalismus (Karl Popper) haben die Möglichkeit synthetisch-apriorischer Erkenntnisse insgesamt verneint. Kants Auffassung verteidigt hat vor allem der methodische Konstruktivismus (Paul Lorenzen).

Von seinem wissenschaftstheoretischen ‚Umweg' über die Mathematik und die Physik verspricht sich Kant eine indirekte Aufklärung über die Möglichkeit synthetisch-apriorischer Urteile und Erkenntnisse auch in der Metaphysik. Die Untersuchung dieser Möglichkeit wird zum Prüfstein der Metaphysik selbst. Von dem Ergebnis hängt „das Stehen oder Fallen der Metaphysik" ab (*Prolegomena*: IV 276).

Was sind Kants Argumente für die Existenz synthetischer Urteile a priori in Arithmetik, Geometrie und Physik? Im Falle der arithmetischen und geometrischen Erkenntnisse steht die apriorische Geltung für Kant außer Frage. Er konzentriert sich daher auf den synthetischen Aspekt und argumentiert, dass es sich in beiden Fällen nicht bloß um ein analytisches Apriori handeln könne, weil man bereits bei elementaren arithmetischen und geometrischen Erkenntnissen über Begriffe hinauszugehen habe und die Anschauung zur Hilfe nehmen müsse (KrV B 14–17; III, 36–38). Die Geometrie ist die euklidische. Kants Beispiele sind die Urteile „7+5=12" und „Die kürzeste Verbindung zwischen zwei Punkten ist die Gerade". Gemeint ist dabei nicht die empirische Anschauung der sinnlichen Wahrnehmung, denn dann hätten wir es mit synthetisch-aposteriorischen Urteilen zu tun, sondern die reine Anschauung. Deren Reinheit ist so zu verstehen, dass etwa bei dem geometrischen Beispiel von der Breite und sonstigen empirischen Gegebenheiten der gezeichneten Geraden abzusehen ist. Geometrische Wahrheiten beziehen sich auf ideale Objekte und nicht auf deren empirische Realisierungen. So gilt der Satz, dass die Winkelsumme im Dreieck 180° beträgt, für ideale Dreiecke. Die Nachmessung bei gezeichneten Dreiecken könnte auch mal etwas mehr oder etwas weniger ergeben.

Die in Arithmetik und Geometrie zum Einsatz kommenden Anschauungen sind unterschiedlicher Art. Die Reihe der natürlichen Zahlen baut sich in der *zeitlichen* Anschauung im Nacheinander des Zählens auf. Die Summe von 7 und 5 wird etwa so gebildet, dass zunächst 7 Striche und dann weitere 5 Striche nacheinander notiert werden. Eine Durchzählung der Gesamtzahl der Striche ergibt dann 12. In Kants geometrischem Beispiel erfolgt die Einbeziehung der Anschauung dadurch, dass die Gerade in der *räumlichen* Anschauung gezogen wird. Das Ziehen der Geraden im Raum und das Zählen der Striche in der Zeit sind Operationen, die ohne die jeweilige Anschauung nicht auskommen. Arithmetik und Geometrie bestehen für Kant in der Konstruktion ihrer Begriffe in der Anschauung, die Arithmetik in der zeitlichen und die Geometrie in der räumlichen Anschauung.

Als Beispiel eines synthetischen Urteils a priori in der reinen Naturwissenschaft führt Kant das Kausalprinzip an: „eine jede Veränderung hat ihre Ursache" (KrV B 3; III, 28). Nicht ganz konsistent nennt Kant das Kausalprinzip a priori, aber „nicht rein", weil „Veränderung" ein empirischer Begriff sei. Etwas später behauptet er dagegen genau die zuvor verneinte Reinheit (KrV B 4f.; III, 29). Übereinstimmend wird aber ausgesagt, dass es sich jedenfalls um ein synthetisches Urteil a priori handelt. Vom Kausalprinzip zu unterscheiden ist das Kausalgesetz, das in Kants Formulierung lautet: „*Alle Veränderungen geschehen nach dem Gesetze der Verknüpfung der Ursache und Wirkung.*" (KrV B 232; III, 166)

Während das Kausalprinzip die Kausalkette *rückwärts* durchlaufen lässt, ermöglicht uns das Kausalgesetz *vorwärts* von Ursachen auf deren Wirkungen zu schließen. Insofern das Kausalprinzip es nahelegt, nach einer *ersten* Ursache und damit nach einem Schöpfergott zu fragen, hat es einen stärker metaphysischen Zuschnitt.

Steht bei mathematischen Urteilen die Apriorität außer Frage und ist deren synthetische Natur zu begründen, so ist dies beim Kausalgesetz gerade umgekehrt. Es ist fraglos synthetisch, weil eine Begriffsanalyse nicht ausreicht, um aus einer Ursache ihre Wirkung abzuleiten. Zu begründen ist aber die Apriorität des Kausalgesetzes. Die Möglichkeit einer solchen Begründung hatte Hume, auf den sich Kant auch bezieht (KrV B 19f.; III, 40), scharfsinnig bestritten. Kants zentrales transzendentales Argument lautet:

> Also ist nur dadurch, daß wir die Folge der Erscheinungen, mithin alle Veränderung dem Gesetze der Kausalität unterwerfen, selbst Erfahrung, d. i. empirisches Erkenntnis von denselben, möglich; mithin sind sie selbst als Gegenstände der Erfahrung, nur nach eben dem Gesetze möglich. (KrV B 234; III, 168)

Indem das Kausalgesetz „Bedingung der Möglichkeit" von Erfahrung ist, ist es notwendige Voraussetzung der Erfahrung und gilt somit a priori.

Nach dem Nachweis, *dass* es synthetische Urteile a priori in Arithmetik, Geometrie und Physik gibt, geht Kant an die Antwort auf die Kernfrage, *wie* diese überhaupt *möglich* sind. Wie wir gesehen haben, enthalten reine Arithmetik und reine Geometrie für Kant synthetisch-apriorische Urteile, weil sie ihre Begriffe in der reinen Anschauung der Zeit beziehungsweise des Raumes konstruieren müssen. Damit hängt die Möglichkeit solcher Urteile von der Möglichkeit apriorischer Anschauung ab. Zur Begründung dieser Möglichkeit dient Kant die Unterscheidung zwischen dem unerkennbaren „Ding an sich", das jenseits der Erfahrung angesiedelt ist, und dessen erkennbarer „Erscheinung". Würden sich Raum-Zeit-Angaben auf die Dinge an sich beziehen, so könnte es für Kant keine apriorische Anschauung geben. Da diese aber in synthetisch-apriorischen Urteilen der Mathematik zum Einsatz komme, könne sie nur Erscheinungen betreffen. Raum und Zeit sind für Kant Anschauungsformen unserer sinnlichen Wahrnehmung von Gegenständen. Das heißt: Es gilt a priori, dass uns Gegenstände der sinnlichen Wahrnehmung nicht anders denn in Raum und Zeit gegeben sein können:

> Reine Mathematik ist als synthetische Erkenntnis a priori nur dadurch möglich, daß sie auf keine anderen als bloß Gegenstände der Sinne geht, deren empirischer Anschauung eine reine Anschauung (des Raums und der Zeit) und zwar a priori zum Grunde liegt und darum zum Grunde liegen kann, weil diese nichts anders als die bloße Form der Sinnlichkeit ist, welche vor der wirklichen Erscheinung der Gegenstände vorhergeht, indem sie dieselbe in der Tat allererst möglich macht. (*Prolegomena*: IV, 283f.)

Das erkennende Subjekt nimmt durch die Anschauungsformen eine räumliche und zeitliche Vorstrukturierung seiner Erkenntnisobjekte vor. Damit erklärt sich dann auch die Anwendbarkeit der reinen Mathematik auf die Natur. Diese Vorstrukturierung erfolgt nicht nur durch die Anschauungsformen der Sinnlichkeit, sondern außerdem durch die Kategorien des Verstandes, insbesondere durch die Kategorie der Kausalität. Auch hier gilt: Die synthetisch-apriorischen Naturgesetze wie zum Beispiel das Kausalgesetz und das Kausalprinzip sind keine Gesetze der Natur an sich, sondern Gesetze, die auf die Natur als Erscheinung beschränkt sind (*Prolegomena*: IV, 312f.). Wegen dieser Beschränkung nennt Kant seine Philosophie auch „transzendentaler Idealismus". Diesen grenzt er ab vom subjektiven Idealismus, der die Realität der Außenwelt leugnet. Kant nennt ihn den „dogmatischen Idealismus" und führt als dessen Repräsentanten den Bischof George Berkeley an (KrV B 274; III, 190f.). Dieser Einordnung ist allerdings zu widersprechen; denn Berkeley bestreitet nicht die Existenz der Außenwelt, sondern lediglich deren *materiellen* Charakter. Seine Position läuft daher auf einen Spiritualismus hinaus, der besagt, dass die Wirklichkeit durchgehend geistiger Natur ist.

Für Kant impliziert die Rede von Erscheinungen, dass diesen „ein Ding an sich selbst zum Grunde liege", von dem wir „affiziert werden" (*Prolegomena*: IV, 314f.). Noch deutlicher heißt es, dass Dinge an sich „Vorstellungen [...] in uns *wirken*, indem sie unsere Sinne affizieren" (*Prolegomena*: IV, 289; Hervorhebung G. G.). Diese Formulierungen legen die Auffassung nahe, dass die Dinge an sich – dem Kausalprinzip folgend – letztlich die Ursachen der Erscheinungen seien. Nun ist aber das Kausalprinzip nach Kants eigenem Verständnis auf den Erfahrungsgebrauch innerhalb der Welt als Erscheinung beschränkt. Dementsprechend erklärt er ausdrücklich: „die Möglichkeit eines Dinges überhaupt aber als einer Ursache sehe ich gar nicht ein" (*Prolegomena*: IV, 312). Hier scheint Kant sich selbst zu widersprechen. Wenn er tatsächlich zwischen Dingen an sich und deren Erscheinungen ein Ursache-Wirkungs-Verhältnis annimmt, so geht er unerlaubt von einem erfahrungsinternen (transzendentalen) zu einem erfahrungsexternen (transzendenten) Gebrauch über und begeht dadurch einen Kategorienfehler. Auf diese Problematik hat zuerst Friedrich Heinrich Jacobi (1743–1819) hingewiesen.[19]

Die Unterscheidung zwischen Ding an sich und Erscheinung mit der idealistischen Konsequenz, dass räumliche, zeitliche und kausale Bestimmungen nicht auf die Dinge an sich zutreffen, sondern nur für deren Erscheinungen Geltung beanspruchen können, hat für Kant nicht nur eine erkenntnistheoretische Bedeutung. Sie ist für ihn darüber hinaus, wie wir noch sehen werden, eine wesentliche Grundlage der Moralphilosophie und der Religionsphilosophie. Die Erkenntnistheorie könnte sich mit der Feststellung begnügen, dass es synthetisch-apriorische Urteile und Erkenntnisse gibt, ohne mit der Frage nach deren Möglichkeit die Unterscheidung zwischen Ding an sich und Erscheinung einführen zu müssen. Für Kants praktische Philosophie ist diese Unterscheidung aber unverzichtbar. Insofern gewinnt man den Eindruck, dass die Erkenntnistheorie dazu dient, den Weg zur Festschreibung dieser Unterscheidung zu bahnen.

---

19 Friedrich Heinrich Jacobi: Werke, hg. von Friedrich Roth/Friedrich Köppen. Leipzig 1815. Nachdruck Darmstadt 1968, Bd. 2, S. 301f.

7 Gliederung und Status der Logik bei Kant

Die drei *Kritiken* orientieren sich in ihrem Aufbau an der Gliederung von Kants *Logik*, die deshalb genauer in den Blick zu nehmen ist. Kant unterteilt die Logik in *Elementarlehre* und *Methodenlehre*. Die Elementarlehre enthält die Lehren vom *Begriff*, vom *Urteil* und vom *Schluss*. Deren Abfolge entspricht dem Aufbau vom Einfachen zum Komplexeren. Urteile bestehen aus einer Verbindung von Begriffen gemäß der bereits angesprochenen Subjekt-Prädikat-Struktur, und Schlüsse sind Übergänge von als wahr anerkannten oder als wahr unterstellten Urteilen zu neuen Urteilen nach festen Regeln.

Urteilen kommt in Kants Erkenntnistheorie eine zentrale Stellung zu, weil einzig sie wahr oder falsch sein können (KrV B 350; III, 234). Kant steht hier auf dem Boden der Tradition, für die Erkenntnis an propositionale Wahrheit gebunden ist (vgl. in der Übersicht Nr. 2 die Zuordnung des Erkenntnisurteils zum Wahren). Bedacht wird dabei freilich nicht, dass Wahrheit oder Falschheit eines Urteils von der inhaltlichen Bestimmung der verwendeten Begriffe abhängig ist. Da das Schließen für Kant eine rein formale Angelegenheit ist, ruht das ganze inhaltliche Gewicht auf den Urteilen. So erklärt es sich auch, dass Kants Transzendentalphilosophie auf die Beantwortung der Frage ausgerichtet ist, wie synthetische Erkenntnisse als *Urteile* a priori möglich sind.

Die Methodenlehre behandelt, wie die in der Elementarlehre dargelegten Elemente zu einem Ganzen der Wissenschaft zu verbinden sind. Sie enthält neben einer Darlegung der verschiedenen Methoden, zum Beispiel der analytischen und der synthetischen Methode, vor allem die Definitionslehre als Lehre von der Begriffsbildung. Der Methodenlehre entspricht nach heutigem Verständnis die allgemeine Wissenschaftstheorie.

Die Logik hat nach Kant einen normativen Status. Danach beschreibt sie nicht empirisch, wie Menschen tatsächlich denken, sondern sie gibt die Regeln vor, nach denen wir zu denken haben, wenn wir die Wahrheit nicht schon aus formalen Gründen verfehlen wollen. In diesem Sinne behandelt die Logik die „notwendigen

Gesetze des Denkens" (*Logik*: IX, 13). Ausdrücklich lehnt Kant es deshalb ab, in der Logik psychologische Prinzipien vorauszusetzen. Derlei sei, wie Kant treffend bemerkt, „eben so ungereimt als Moral vom Leben herzunehmen". Abgelehnt wird damit der so genannte naturalistische Fehlschluss, der Übergang vom Sein zum Sollen:

> Nähmen wir die Prinzipien aus der Psychologie, d. h. aus den Beobachtungen über unsern Verstand, so würden wir bloß sehen, *wie* das Denken vor sich geht und *wie* es *ist* unter mancherlei subjektiven Hindernissen und Bedingungen; dieses würde also zur Erkenntnis bloß *zufälliger* Gesetze führen. In der Logik ist aber die Frage nicht nach *zufälligen*, sondern nach *notwendigen* Regeln; nicht, wie wir denken, sondern, wie wir denken sollen. (IX, 14)

Damit lehnt Kant, die spätere Entwicklung vorwegnehmend, den Psychologismus in der Logik ab, noch bevor dessen Grundirrtum im 19. Jahrhundert überhaupt voll zur Entfaltung gekommen ist. Mit dieser Ablehnung wird keineswegs einer empirischen Psychologie eine Absage erteilt. Kant hat zu dieser ja selbst in seiner *Anthropologie* reiche Beobachtungen beigetragen. Er weist ihr denn auch ausdrücklich den Platz in der Anthropologie zu (KrV B 877; III, 548). Abgelehnt wird lediglich jegliche psychologische Begründung der Logik.

Außer der Einsicht in den normativen Charakter der Logik finden wir bei Kant den Gedanken der ausschließlich formalen Natur der Logik ausgesprochen. Danach ist auch die Notwendigkeit der logischen Schlussgesetze lediglich formaler Art, so dass diese inhaltliche Wahrheit nicht garantieren können. Formal korrektes Schließen garantiert die Wahrheit der Konklusionen nur dann, wenn die jeweiligen Prämissen wahr sind. Nach Kant ist die Logik deshalb kein „Organon" oder Werkzeug, sondern lediglich ein „Kanon" oder eine Richtschnur der Wissenschaft. Damit ist gemeint, dass keine Wissenschaft gegen die Regeln der Logik verstoßen darf, diese bloß formalen Regeln aber nicht die Findung neuer Wahrheiten ermöglichen: „Ein Organon der Wissenschaften ist daher nicht bloße Logik, weil es die genaue Kenntnis der Wissenschaften, ihrer Objekte und Quellen voraussetzt." (IX, 13)

Der formale Charakter der Logik macht es notwendig, diese zu ergänzen, sobald wir über die bloßen Denk*formen* hinausgehen und nach möglichen Denk*inhalten* fragen.

> Was aber das Erkenntnis der bloßen Form nach (mit Beiseitesetzung alles Inhalts) betrifft, so ist eben so klar: daß eine Logik, so fern sie die allgemeinen und notwendigen Regeln des Verstandes vorträgt, eben in diesen Regeln Kriterien der Wahrheit darlegen müsse. Denn was diesen widerspricht, ist falsch, weil der Verstand dabei seinen allgemeinen Regeln des Denkens, mithin sich selbst widerstreitet. Diese Kriterien aber betreffen nur die Form der Wahrheit, d. i. des Denkens überhaupt, und sind so fern ganz richtig, aber nicht hinreichend. Denn obgleich eine Erkenntnis der logischen Form völlig gemäß sein möchte, d. i. sich selbst nicht widerspräche: so kann sie doch noch immer dem Gegenstande widersprechen. Also ist das bloß logische Kriterium der Wahrheit, nämlich die Übereinstimmung einer Erkenntnis mit den allgemeinen und formalen Gesetzen des Verstandes und der Vernunft, zwar die conditio sine qua non, mithin die negative Bedingung aller Wahrheit: weiter aber kann die Logik nicht gehen, und den Irrtum, der nicht die Form, sondern den Inhalt trifft, kann die Logik durch keinen Probierstein entdecken. (KrV, B 83f.; III, 80)

Die formale Logik, die auch „allgemeine Logik" genannt wird (KrV B 169; III, 130), gibt demnach Regeln an, deren Befolgung (als *conditio sine qua non*) eine notwendige Bedingung, aber keine hinreichende Bedingung zur Erlangung inhaltlicher Erkenntnis darstellt. Sie ist deshalb durch eine erkenntnistheoretische Logik zu ergänzen, deren Aufgabe bei Kant die Transzendentalphilosophie übernimmt. Dabei liefert die Tafel der Urteilsformen einen „Leitfaden der Entdeckung aller reinen Verstandesbegriffe" oder „Kategorien" (KrV B 91–106; III, 84–93), welche die apriorischen Grundlagen der Erfahrungserkenntnis bilden. Vor der Behandlung der erkenntnistheoretischen Funktion der Kategorien ist daher zunächst ein Blick auf Kants Einteilung der Urteilsformen zu werfen.

Hingewiesen wurde bereits darauf, dass Kant von einer Subjekt-Prädikat-Struktur des Urteils ausgeht. Die formale Verbindung zwischen Subjekt und Prädikat erfolgt durch die Urteilsformen, die in der Urteilstafel unter vier „Titeln" mit jeweils drei „Momenten" zusammengestellt sind (KrV, B 95; III, 87. Vgl. *Logik*, §§ 20–30; IX, 102–109).

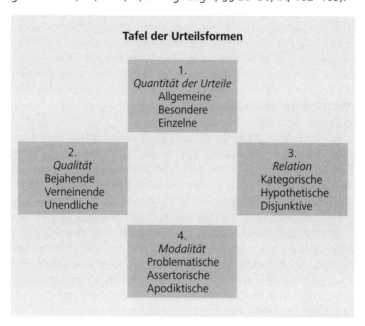

Tafel der Urteilsformen

1.
Quantität der Urteile
Allgemeine
Besondere
Einzelne

2.
Qualität
Bejahende
Verneinende
Unendliche

3.
Relation
Kategorische
Hypothetische
Disjunktive

4.
Modalität
Problematische
Assertorische
Apodiktische

Kants Einteilung der Urteilsformen hat in der Folgezeit viel Kritik erfahren. Insbesondere wurde die Unabhängigkeit der einzelnen Urteilsformen voneinander in Frage gestellt. Bereits vor Kant hatte Leibniz auf die Möglichkeit hingewiesen, Urteile der Form ‚Alle S sind P' darzustellen als ‚Wenn etwas ein S ist, so ist es ein P'.[20]

---

20 Gottfried Wilhelm Leibniz: Neue Abhandlungen über den menschlichen Verstand, franz.-dt., hg. von Wolf von Engelhardt/Hans Heinz Holz. Frankfurt am Main 1961, 4. Buch, Kap. XI, § 14.

Damit ist gesagt, dass allgemeine kategorische Urteile in allgemeine hypothetische Urteile überführbar sind. Für Herbart sind die Unterschiede zwischen kategorischem, hypothetischem und auch disjunktivem Urteil insgesamt lediglich sprachlicher Art.[21] Diese Auffassung nimmt das Ergebnis der modernen Junktoren- und Quantorenlogik vorweg, dass sich diese drei Urteilsformen mit Hilfe der Verneinung wechselseitig ineinander überführen lassen, unabhängig davon, ob das disjunktive Urteil durch das ausschließende ‚oder' (wie bei Kant) oder durch das einschließende ‚oder' (wie in der modernen Logik) ausgedrückt wird. Für Frege, als einen der Begründer der modernen Logik, hat denn auch in Übereinstimmung mit Herbart die Unterscheidung der drei genannten Urteile lediglich „grammatische Bedeutung".[22]

Ein weiterer Kritikpunkt ist, dass Kant nicht genauer zwischen Urteils*inhalt* und Urteils*akt* unterscheidet. Die Tendenz in der nachkantischen Diskussion geht dahin, Bejahung und Verneinung als zwei gegensätzliche Urteilsakte aufzufassen und weitere Unterscheidungen auf der Seite des Urteilsinhalts zu verbuchen. Frege geht noch einen Schritt weiter, indem er das Urteil auf den Akt der Bejahung und damit auf das assertorische Urteil (im Sinne der Anerkennung eines Inhalts als wahr) reduziert und den Akt der Verneinung als Bejahung eines verneinten Inhalts bestimmt. Die sonstigen traditionellen Urteilsformen werden so zu Inhaltsformen, abgesehen von der problematischen und der apodiktischen Modalität, die erkenntnistheoretisch gedeutet werden.[23] Hier besteht Übereinstimmung mit Kant, für den die Modalität „nichts zum Inhalte des Urteils beiträgt" (KrV B 100; III, 89), sondern „das Verhältnis des ganzen Urteils zum Erkenntnisvermögen bestimmt"

---

21 Johann Friedrich Herbart: Hauptpunkte der Logik; in: Sämtliche Werke, hg. von Karl Kehrbach/Otto Flügel, Bd. 2. Langensalza 1887, S. 217–226, hier S. 222. Vgl. auch Lehrbuch zur Einleitung in die Philosophie. Vierte Auflage nebst den Abweichungen der ersten und dritten Auflage, hg. von Kurt Häntsch. Leipzig 1912, §§ 60f.

22 Gottlob Frege: Begriffsschrift. Halle a. S. 1879, § 4.

23 Ebd.

(*Logik*, § 30; IX, 108). Die hier nur skizzierte Nachfolgediskussion über die Einteilung der Urteilsformen mag an dieser Stelle genügen.[24] Kommen wir nun zur Rolle, die Kant den Urteilsformen bei der Entdeckung der Kategorien zuweist.

Damit aus Wahrnehmungsurteilen, die für Kant bloß subjektiv sind, objektive Erfahrungsurteile werden, muss eine Kategorie hinzutreten. Erläutert sei dies an Kants eigenem Beispiel der Kategorie der Kausalität, deren Status als Bedingung der Möglichkeit von Erfahrung bereits herausgestellt worden ist. Durch den Einsatz dieser Kategorie entsteht nach Kant aus dem Wahrnehmungsurteil der *hypothetischen* Form „wenn die Sonne den Stein bescheint, so wird er warm" das *kausale* Erfahrungsurteil „die Sonne *erwärmt* den Stein", in dem die Sonne zur Ursache der Erwärmung des Steins erklärt wird (*Prolegomena*: IV, 301, Anm.; siehe auch IV, 312). Dabei haben wir es mit einer Kurzform des Urteils ‚Weil die Sonne den Stein bescheint, wird er warm' zu tun, worin das hypothetische ‚wenn' durch das kausale ‚weil' ersetzt worden ist. Ein Vergleich zeigt denn auch, dass dem hypothetischen Urteil in der Tafel der Urteilsformen die Kausalität in der Tafel der Kategorien entspricht (KrV B 106; III, 93).

Ohne den Bezug auf Erfahrung liefern die Kategorien allerdings keine Erkenntnis. Kant spricht in diesem Zusammenhang von dem „*transzendentalen* Gebrauch oder Mißbrauch der Kategorien" (KrV B 352; III, 235f.). Auf den ersten Blick könnte es so scheinen, als würde diese Formulierung den Unterschied zwischen ‚transzendental' und ‚transzendent' verwischen, den Kant an selbiger Stelle betont. Gemeint ist aber nicht, dass der transzendentale Gebrauch Erfahrung transzendiert, sondern dass diese unberücksichtigt bleibt. Abgewehrt wird, wie eine frühere Stelle (KrV B 304f.; III, 207f.) verdeutlicht, der missbräuchliche Versuch, eine Gegenstandserkenntnis allein mit Hilfe der Kategorien, also bloß aus Begriffen,

---

24 Ausführlich siehe dazu Gottfried Gabriel/Sven Schlotter: Frege und die kontinentalen Ursprünge der analytischen Philosophie. Münster 2017, Kapitel 3 (S. 65–89).

ohne einen Bezug auf die Sinnlichkeit gewinnen zu wollen, was nach Kant unmöglich ist.

Genauer zu bestimmen ist noch die Aufgabe einer Philosophie, die den Ausdruck ‚transzendental' in ihrem Titel führt. Als Transzendentalphilosophie versteht Kant ein „System" aller theoretischen apriorischen Erkenntnisse unter Einschluss der analytischen Erkenntnisse. Vor allem soll die Transzendentalphilosophie aber den Bereich *synthetischer* Erkenntnisse a priori abstecken und vollständig erfassen. Die *Kritik der reinen Vernunft* wird dabei als erster Schritt in diese Richtung verstanden. Sie will dabei – mit Blick auf die Metaphysik – einerseits einen *Kanon* zur Beschränkung der Vernunft in ihren vorgeblichen Erkenntnisansprüchen entwickeln. Andererseits unternimmt sie es aber auch, den Plan zu einer Transzendentalphilosophie „aus Prinzipien" zu entwerfen und damit ein *Organon* für die Ausarbeitung eines vollständigen Systems aller synthetisch-apriorischen Erkenntnisse *theoretischer* Art bereitzustellen (KrV B 24–29; III, 42–45). Die praktischen synthetisch-apriorischen Grundsätze der Moral rechnet Kant nicht zur Transzendentalphilosophie (KrV B 28f.; III, 45).

Die Grundlage für die Realisierung von Kants Programm bilden die synthetisch-apriorischen Grundsätze, die schrittweise im Ausgang von den logischen Urteilsformen entwickelt werden. Damit liefert die *Kritik der reinen Vernunft* insbesondere die Voraussetzungen für die Metaphysik der Natur, die Kants Kritik zufolge mögliche Erfahrung nicht transzendieren darf; denn für die theoretische Philosophie gilt: „Alle synthetischen Grundsätze a priori sind nichts weiter als Prinzipien möglicher Erfahrung." (*Prolegomena*: IV, 313) Im Ergebnis bedeutet dies, dass die Metaphysik der Natur letztlich auf die synthetisch-apriorischen Teile der Wissenschaftstheorie der Naturwissenschaft beschränkt wird. Das metaphysische Bedürfnis des Menschen findet somit in der theoretischen Philosophie keine Erfüllung und wird an die praktische Philosophie verwiesen.

8 Der logische Aufbau der *Kritik der reinen Vernunft*

Im Vergleich mit den anderen *Kritiken* folgt der Aufbau der *Kritik der reinen Vernunft* der Gliederung von Kants *Logik* besonders weitgehend, allerdings nicht durchgehend. Die Parallelen und die Abweichungen sind gleichermaßen aufschlussreich. Sie lassen sich anhand der Übersicht Nr. 3 verfolgen, die nach dem Aufbau der zweiten Auflage der *Kritik der reinen Vernunft* erstellt worden ist.

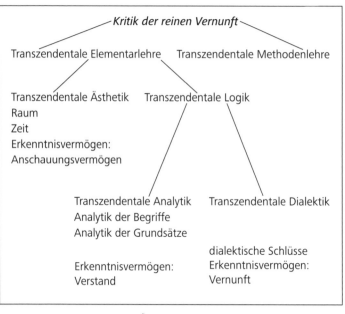

Übersicht Nr. 3

Die Aufteilung in transzendentale Elementarlehre und transzendentale Methodenlehre folgt der Einteilung von Kants *Logik* in Elementarlehre und Methodenlehre. Die transzendentale Ästhetik als Unterabteilung der transzendentalen Elementarlehre hat dagegen keine Entsprechung in der *Logik*. Die transzendentale Logik besteht ihrerseits – wiederum abweichend von der formalen Logik – aus transzendentaler Analytik und transzendentaler Dialektik. Zu klären ist, warum es im Aufbau der *Kritik der reinen Vernunft* zu diesen Abweichungen kommt. Aufschluss hierüber erhalten wir, wenn wir die transzendentale Entsprechung zur Einteilung der logischen Elementarlehre in die Lehren von den Begriffen, Urteilen und Schlüssen aufsuchen. Diese Elemente verteilen sich so, dass die Lehre von den Begriffen und die Lehre von den Urteilen ihre Entsprechung in der Analytik der Begriffe beziehungsweise in der Analytik der Grundsätze als den beiden Teilen der transzendentalen Analytik haben, während die Lehre von den Schlüssen in die transzendentale Dialektik abgewandert ist. Auch diese Ortsveränderung gilt es zu erklären.

Im Unterschied zur Lehre von den Begriffen in Kants formaler *Logik* erstreckt sich die transzendentale Analytik der Begriffe nicht auf gewöhnliche Begriffe wie ‚Mensch' und ‚sterblich', sondern auf Verstandesbegriffe wie zum Beispiel die Kategorie der Kausalität; und die transzendentale Analytik der Grundsätze behandelt dementsprechend nicht Urteile wie ‚Alle Menschen sind sterblich', sondern synthetisch-apriorische Grundsätze der Erfahrung wie zum Beispiel das Kausalgesetz. Diese Grundsätze sind in einer Tafel zusammengestellt (KrV B 200; III, 147), und zwar in direkter Entsprechung zur Tafel der Kategorien, weil die Grundsätze „nichts anderes als Regeln des objektiven Gebrauchs der letzteren [nämlich der Kategorien] sind" (ebd.). So ist der Grundsatz, welcher der Kategorie der Kausalität entspricht, das Kausalgesetz in der folgenden Formulierung: *„Alle Veränderungen geschehen nach dem Gesetze der Verknüpfung der Ursache und Wirkung."* (KrV B 232; III, 166)[25]

---

25 In der ersten Auflage heißt es stattdessen: „Alles, was *geschieht* (anhebt zu sein) *setzt etwas voraus,* worauf es *nach einer Regel* folgt." (KrV A 189; IV, 128) Diese Formulierung verbindet mit dem Kausalgesetz (der Regel) das Kausalprinzip, indem gesagt wird, dass jedes Wirkungsgeschehen etwas als Ursache voraussetzt.

Die Kategorien werden, wie im vorausgegangenen Kapitel dargelegt, ihrerseits aus den Urteilsformen abgeleitet, so die Kategorie der Kausalität aus dem hypothetischen Urteil. Das Bemühen um solche Ableitungen dokumentiert, dass die *Kritik der reinen Vernunft* sich nicht nur in ihrer formalen Gliederung an Kants *Logik* orientiert, sondern dass sie auch bei der Entfaltung wesentlicher Inhalte von dieser ausgeht.

Den in der transzendentalen Analytik aufgewiesenen Kategorien als Begriffen des *Verstandes* stehen in der transzendentalen Dialektik die Ideen als Scheinbegriffe der *Vernunft* gegenüber. Der Unterschied besteht darin, dass sich die Verstandesbegriffe in der Anschauung realisieren lassen und so Erfahrung ermöglichen, während dies bei Vernunftideen ausgeschlossen ist. Die Bildung der Ideen erfolgt durch inhaltliche dialektische Fehlschlüsse der Vernunft. Zu diesen Fehlschlüssen und der Bildung der entsprechenden Ideen siehe ausführlich Kapitel 10. Zuvor ist zu klären, warum in der transzendentalen Elementarlehre der Analytik der Begriffe die transzendentale Ästhetik vorangestellt ist.

Die transzendentale Ästhetik hat nichts mit dem üblichen Verständnis von Ästhetik als Theorie der Künste zu tun. Dieses Verständnis geht auf Alexander Gottlieb Baumgarten (1714–1762) zurück. Baumgartens Ansatz lehnt Kant zunächst in der *Kritik der reinen Vernunft* (B 35, Anm.; III, 50f.) ab und versteht dagegen die Ästhetik als eine allgemeine Theorie der Sinnlichkeit ohne einen Bezug zu den Künsten. Beide Verständnisse der Ästhetik gehen zurück auf die Bedeutung von gr. ‚aisthesis' = ‚sinnliche Wahrnehmung'. Später in der *Kritik der ästhetischen Urteilskraft* verwendet auch Kant den Ausdruck ‚ästhetisch' in einem kunsttheoretischen Sinn, wobei es dann auch Gemeinsamkeiten zwischen beiden Philosophen gibt. Siehe dazu Kapitel 17.2.

Der Grund, warum die transzendentale Elementarlehre mit der transzendentalen Ästhetik als Theorie der Sinnlichkeit einsetzt, ist Kants strikte Unterscheidung zwischen Sinnlichkeit und Verstand als den zwei „Stämmen der menschlichen Erkenntnis" (KrV B 29; III, 46), die zu der bereits angesprochenen Unterscheidung zwischen Anschauungen und Begriffen führt. (Siehe dazu ausführlich das folgende Kapitel 9.) In Kants *Logik* ist diese Unterscheidung nicht so grundsätzlich durchgeführt, was darauf zurückzuführen sein dürfte, dass Kant seiner Logik-Vorlesung Georg Friedrich Meiers *Auszug aus der Vernunftlehre* (abgedruckt in XVI) und teilweise auch dessen ausführliche *Vernunftlehre* zu Grunde gelegt hat. Zudem hat Kant seine *Logik* nicht selbst veröffentlicht, sondern auf der Grundlage seiner Notizen von Gottlob Benjamin Jäsche zusammenstellen lassen. Daher ist nicht immer klar, ob wir es mit Kants eigener Auffassung oder Erläuterungen zu Meier zu tun haben. Ein Vergleich von Kants Ausführungen zur Unterscheidung zwischen Anschauung und Begriff in der *Logik* mit den Entsprechungen in der *Kritik der reinen Vernunft* ist daher angebracht.

Zu Beginn der Elementarlehre seiner *Logik* (IX, 91) spricht Kant von Anschauung und Begriff als zwei Arten der Vorstellung. Der mitgeführte lateinische Terminus „repraesentatio" zeigt an, dass die Bedeutung des Ausdrucks ‚Vorstellung' noch nicht einseitig psychologisch im Sinne eines sinnlichen mentalen Bildes festgelegt ist. Dieses Verständnis findet sich erst später, vor allem, nachdem der Ausdruck ‚Vorstellung' als Übersetzung des von Locke und Hume verwendeten englischen Ausdrucks ‚idea' in Gebrauch kam.[26] Die Unterscheidung zwischen Anschauung und Begriff trifft Kant *innerhalb* des Abschnitts „Von den Begriffen". Anschauungen erhalten in der *Logik* also keine gesonderte, eigenständige Darstellung wie in der transzendentalen Ästhetik der *Kritik der reinen Vernunft*. Die Unterscheidung fällt eher innerlogisch und nicht grundsätzlich aus. Anschauungen werden als „einzelne" und Begriffe als „allgemeine" Vorstellungen bestimmt. Kants Unterscheidung entspricht derjenigen von Meier zwischen „einzelnen" und „abstrakten" Begriffen (*Auszug aus der Vernunftlehre*, § 260), was sich daran zeigt, dass Kant wie Meier für den Ausdruck ‚einzelnen' den lateinischen Terminus ‚singularis' mitführt. Als Beispiel für ei-

---

26   Vgl. zum Beispiel die einflussreiche Übersetzung des ersten Buches von David Humes *A Treatise of Human Nature* in der Ausgabe von Theodor Lipps: Traktat über die menschliche Natur, I. Teil: Über den Verstand. Hamburg und Leipzig 1895.

nen einzelnen Begriff gibt Meier „Leibniz" an, also ein Individuum. Somit reduziert sich Kants Unterscheidung zwischen Begriffen und Anschauungen in der *Logik* darauf, dass Begriffe mehrere Objekte und Anschauungen jeweils nur ein einziges Objekt haben.[27] Dabei sind die Objekte eines Begriffs solche, denen die Merkmale des Begriffs als Eigenschaften zukommen. Betrachten wir als Beispiel die Definition des Begriffs ‚Mensch' als ‚vernunftbegabtes Lebewesen'. Diese Definition besagt, dass der Begriff ‚Mensch' aus den Merkmalen ‚Lebewesen' und ‚vernunftbegabt' zusammengesetzt ist, und dementsprechend gehört zu seinen Objekten alles, was die Eigenschaften hat, ein Lebewesen und vernunftbegabt zu sein.

Festzustellen ist, dass Meier mit seinen Überlegungen in der rationalistischen ‚Begriffs'-Terminologie verbleibt. Wenn er allerdings betont „Alle unmittelbare Erfahrungsbegriffe sind einzelne Begriffe" (*Auszug aus der Vernunftlehre*, § 260), so ist mit der Unmittelbarkeit immerhin die konkrete Präsenz sinnlicher Anschauung im Unterschied zur Abstraktheit der Begriffe angesprochen. Obwohl Kant den Ausdruck ‚Anschauung' in seiner *Logik* verwendet, fehlt hier der Aspekt der Sinnlichkeit, welcher der transzendentalen Ästhetik zufolge den eigentlichen Unterschied zwischen Anschauungen und Begriffen ausmacht. Zur Erklärung von Raum und Zeit als Formen sinnlicher Anschauung zieht Kant an anderer Stelle, wie wir im folgenden Kapitel sehen werden, die Bestimmung der Anschauungen als Einzelvorstellungen erläuternd hinzu.

---

27 Zu Kants Bestimmung der Anschauungen als einzelne Vorstellungen ist Folgendes anzumerken: Da einzeln zu sein keine Eigenschaft der Vorstellungen selbst ist, sondern deren Objektbereich beschreibt, wäre es genauer, statt von ‚einzelnen Vorstellungen' von ‚Einzelvorstellungen' im Sinne von ‚Vorstellungen von Einzelnem' zu sprechen.

9 Sinnlichkeit und Verstand

Mit seiner These, dass Anschauungen und Begriffe zwei prinzipiell verschiedenen Erkenntnisquellen – Sinnlichkeit und Verstand – entstammen, widerspricht Kant den erkenntnistheoretischen Auffassungen sowohl des Rationalismus als auch des Empirismus. Diese unterscheiden sich in ihren Bestimmungen des Verhältnisses von sinnlicher Wahrnehmung und begrifflicher Verstandeserkenntnis. Der Rationalismus geht von einer Hierarchie der Erkenntnisvermögen aus, in der die sinnliche Wahrnehmung als „verworren" im Vergleich zur „deutlichen" Verstandeserkenntnis als weniger vollkommen gilt. Der Empirismus betont demgegenüber, dass die Wahrnehmung die Verstandeserkenntnis allererst fundiere. So formuliert Hume ein Sinnkriterium, nach dem sprachliche Ausdrücke nur dann sinnvoll sind, wenn mit ihnen Vorstellungen verbunden sind, die im Rahmen eines Abbildverhältnisses auf äußere oder innere Wahrnehmungen als ihren Ursprung zurückgeführt werden können. Rationalismus und Empirismus nehmen eine unterschiedliche Gewichtung innerhalb eines als kontinuierlich gedachten Spektrums von Erkenntnisarten vor. Kant dagegen sieht das Verhältnis von Sinnlichkeit und Verstand als disjunkt, aber komplementär an. Erst die Verbindung von beiden liefere Erkenntnis: „Der Verstand vermag nichts anzuschauen, und die Sinne nichts zu denken. Nur daraus, daß sie sich vereinigen, kann Erkenntnis entspringen." (KrV B 75f.; III, 75) Die Sinnlichkeit nimmt ungeordnetes Material auf, und der Verstand bringt diese „Mannigfaltigkeit des Gegebenen" in eine begriffliche Ordnung. Der Sinnlichkeit ist danach passive „Rezeptivität" (Empfänglichkeit) eigen, während sich der Verstand durch aktive „Spontaneität" auszeichnet.

Wie begründet Kant die prinzipielle Verschiedenheit zwischen Sinnlichkeit und Verstand beziehungsweise zwischen Anschauungen und Begriffen? Deutlich macht er dies an den Vorstellungen von Raum und Zeit, die für die Sinnlichkeit insofern konstitutiv sind, als alle Objekte, die wir wahrnehmen, notwendigerweise im Raum oder in der Zeit gegeben sind, nämlich Objekte der inneren Wahrnehmung in der Zeit und Objekte der äußeren Wahrnehmungen im Raum und in der Zeit. Raum und Zeit sind daher notwendige Formen der Anschauung. Die entscheidende Einsicht ist nun, dass räumliche und zeitliche Vorstellungen eine andere Struktur aufweisen als begriffliche Vorstellungen. Eine begriffliche Vorstellung, die andere begriffliche Vorstellungen als Teilvorstellungen enthält, ist diesen ihren Teilvorstellungen untergeordnet, indem die Teilvorstellungen von größerer Allgemeinheit und daher umfassender sind als die begriffliche Gesamtvorstellung selbst. Betrachten wir als Beispiel wiederum die Definition des Begriffs ‚Mensch' als ‚vernunftbegabtes Lebewesen'. Dann können wir sagen, dass der Begriff ‚Mensch' die Merkmale (oder Teilvorstellungen) ‚vernunftbegabt' und ‚Lebewesen' enthält. Diese Merkmale (oder Teilvorstellungen) sind von größerer Allgemeinheit und daher umfassender als der Begriff ‚Mensch' selbst. So schließt der Begriff ‚Lebewesen' zum Beispiel auch Pferde, Hunde, Katzen usw. ein. Die Logik drückt dies so aus, dass Merkmale (oder Teilvorstellungen) eines Begriffs diesem übergeordnet und umgekehrt der Begriff seinen Merkmalen (oder Teilvorstellungen) untergeordnet ist.

Ein solches Verhältnis ist weder bei räumlichen noch bei zeitlichen Vorstellungen denkbar. Das Enthaltensein von Teilvorstellungen in einer Vorstellung besagt hier nicht, dass die Teilvorstellungen umfassender sind als die Gesamtvorstellung. Ein räumliches und ein zeitliches Beispiel: ein Zentimeter ist eine Teilvorstellung von einem Meter, und eine Minute ist eine Teilvorstellung von einer Stunde; aber weder ist die Teilvorstellung von einem Zentimeter umfassender als die Gesamtvorstellung von einem Meter noch ist die Teilvorstellung von einer Minute umfassender als die Gesamtvorstellung von einer Stunde. Ganz im Gegenteil gilt das Umgekehrte, da die Teilvorstellungen sozusagen Ausschnitte aus der Gesamtvorstellung sind. Anschauungen und Begriffe folgen unterschiedlichen Logiken: *Begriffe unterliegen der Logik von Über- und Unterordnung, und Anschauungen unterliegen der Logik von Teil und Ganzem.*

Kant stellt die unterschiedlichen Verhältnisse bereits in der Schrift *De mundi sensibilis atque intelligibilis forma et principiis* (1770) heraus und vollzieht damit einen wesentlichen Schritt in

Richtung Transzendentalphilosophie. Die Teil-Ganzes-Struktur des Raumes begründet er dabei unter Rückgriff auf den aus der *Logik* bekannten Begriff einer Einzelvorstellung:

> *Der Begriff des Raumes ist eine Einzelvorstellung* [*singularis repraesentatio*], die alles *in sich* [*in se*] befaßt, nicht ein abstraktes und gemeinsames Merkmal, das es *unter sich* [*sub se*] befaßt. Wenn man nämlich von *mehreren Räumen* spricht, so sind das nur Teile eines und desselben unermeßlichen Raumes [...]. (II, 402)[28]

In der *Kritik der reinen Vernunft* zieht Kant den Begriff der Einzelvorstellung nicht mehr heran, in der Sache besteht aber Übereinstimmung: „Denn erstlich kann man sich nur einen einigen Raum vorstellen, und wenn man von vielen Räumen redet, so versteht man darunter nur Teile eines und desselben Raumes." (KrV B 39; III, 53) Weiter heißt es:

> Nun muß man zwar einen jeden Begriff als eine Vorstellung denken, die in einer unendlichen Menge von verschiedenen möglichen Vorstellungen (als ihr gemeinschaftliches Merkmal) enthalten ist, mithin diese *unter sich* enthält; aber kein Begriff als ein solcher, kann so gedacht werden, als ob er eine unendliche Menge von Vorstellungen *in sich* enthielte. (KrV B 39f.; III, 53)

Anders als für begriffliche Vorstellungen gilt für räumliche und zeitliche Vorstellungen auf Grund der Teil-Ganzes-Struktur eine unendliche Teilbarkeit, wodurch eine begriffliche Struktur von Über- und Unterordnung ausgeschlossen ist.

Es sind die prinzipiell unterschiedlichen Strukturen von Sinnlichkeit und Verstand beziehungsweise von Anschauungen und Begriffen der Grund, warum in der transzendentalen Elementarlehre der transzendentalen Logik eine transzendentale Ästhetik vorangestellt wird. Transzendental ist diese Ästhetik deshalb, weil sich

---

28 Deutsch zitiert nach der lat.-dt. Ausgabe, hg. von Klaus Reich. Hamburg 1960, S. 49 (§ 15, Abschn. B). Zur Zeit siehe Entsprechendes S. 39 (§ 14, Abschn. 2).

die strukturellen Vorgaben der Anschauungsformen Raum und Zeit als Bedingungen der Möglichkeit unseres empirischen und reinen Anschauens erweisen.

Wenn wir von der Gliederung der logischen Elementarlehre in Begriff – Urteil – Schluss ausgehen, so können wir feststellen, dass in der transzendentalen Ästhetik die Anschauung lediglich als Entsprechung zur Lehre vom Begriff abgehandelt wird und eine Entsprechung zur Lehre vom Urteil an dieser Stelle fehlt. Dies liegt daran, dass der Übergang vom Anschauungsmaterial zu Urteilen nicht ohne Beteiligung der Begriffe möglich ist. Selbst in den synthetisch-apriorischen Urteilen der Mathematik haben wir es mit der Konstruktion von *Begriffen* in der reinen Anschauung zu tun. Die grundlegenden Urteile die Anschauung betreffend sind die „Axiome der Anschauung". Sie werden aus dem genannten Grund erst in der transzendentalen Logik nach erfolgter Analytik der Begriffe in der „Analytik der Grundsätze" neben anderen Grundsätzen zum Thema. Das Prinzip dieser Axiome lautet: *„Alle Anschauungen sind extensive Größen."* (KrV B 202; III, 148) Darin ist ausgesprochen, was zuvor als Logik von Teil und Ganzem beschrieben wurde; denn extensive Größen sind solche, denen Ausdehnung und damit Teilbarkeit zukommt.

10 Transzendentale Dialektik

Schlüsse finden in der transzendentalen Ästhetik keine Berücksichtigung; denn Schlüsse bestehen aus Übergängen von Urteilen zu Urteilen, und die Bildung von Urteilen geht über die Anschauung hinaus, indem sie die Verwendung von Begriffen voraussetzt. Aber auch in der transzendentalen Logik hat die Lehre von den Schlüssen keinen Ort, jedenfalls soweit es sich um *korrekte* Schlüsse handelt. Der Grund ist, dass es keiner eigenen transzendentalen Schlusslehre bedarf, weil korrekte Schlüsse auch in der transzendentalen Logik rein formal sind. Daher reicht hier die formale Logik aus, und es wird in der transzendentalen Analytik keine Schlusslehre im Anschluss an die Analytik der Grundsätze aufgeführt. Stattdessen finden wir eine Behandlung „dialektischer Schlüsse der reinen Vernunft" in der transzendentalen Dialektik vor. Der Grund ist, dass es sich bei den dialektischen Schlüssen nicht um korrekte Schlüsse, sondern um Fehlschlüsse handelt. Während es in Kants *Logik* lediglich einen sehr kurzen Paragraphen (§ 90; IX, 134f.) zu den Fehlschlüssen gibt, bildet deren Analyse in der transzendentalen Dialektik ein Kernstück von Kants Metaphysikkritik. Einen wesentlichen Teil der angemaßten Erkenntnisansprüche der Metaphysik führt Kant nämlich darauf zurück, dass die Vernunft meint, die Schlusslehre der formalen Logik als Organon zur Erkenntnis metaphysischer Inhalte nutzen zu dürfen. Dieses Vorgehen führt nach Kant zwangsläufig zu Scheinerkenntnissen. Die dabei vollzogenen Fehlschlüsse unterwirft Kant daher einer gründlichen Untersuchung und Aufdeckung. Schauen wir uns die Dinge genauer an.

Die formale Logik hat es mit einem Schein nur dann zu tun, wenn es sich um „den Schein eines richtigen Schlusses" und insofern um einen Trugschluss handelt. Einen Trugschluss bestimmt Kant als einen „Vernunftschluß, welcher der Form nach falsch ist" (IX, 134f.). Mit Vernunftschlüssen meint Kant insbesondere Schlüsse, die nach den Schlussmodi der traditionellen aristotelischen Syllogistik erfolgen. Diese Modi bestehen aus zwei Prämissen (Voraussetzungen) und einer Konklusion (einem Schlusssatz). Der bekannteste Modus ist der Modus Barbara, in dem die Prämissen und die Konklusion allgemeine Urteile sind. Er hat die folgende Form, wobei der waagerechte Strich für den Übergang zur Konklusion steht:

Alle M sind P
Alle S sind M
Alle S sind P.

‚S' steht für den Subjektbegriff und ‚P' für den Prädikatbegriff der Konklusion, und ‚M' steht für den zwischen S und P vermittelnden Mittelbegriff. Konkrete inhaltliche Schlüsse ergeben sich dadurch, dass man die Begriffsvariablen M, P und S in den Prämissen durch Begriffe ersetzt, welche die Prämissen wahr machen. Dann (und nur dann) darf auf die Konklusion geschlossen werden. S kann auch ein Individuum sein: „Die einzelnen Urteile sind der logischen Form nach im Gebrauche den allgemeinen gleich zu schätzen, denn bei beiden gilt das Prädikat vom Subjekt ohne Ausnahme." (IX, 102, Anm. 1) So ergibt sich zum Beispiel der bekannte Syllogismus:

Alle Menschen sind sterblich
Sokrates ist ein Mensch
Sokrates ist sterblich.

Von den Vernunftschlüssen unterscheidet Kant die Verstandesschlüsse, die als „unmittelbare" Schlüsse eine einzige Prämisse haben.[29] Während wir es nun beim logischen Schein der Trugschlüsse mit einem bloßen Versehen zu tun haben, und es damit getan ist, ihn aufzudecken, ist der transzendente Schein tieferen

---

29 Zu dieser Unterscheidung vgl. die Stellen aus der *Logik* (IX, 114) mit dem Abschnitt *„Vom logischen Gebrauche der Vernunft"* in der *Kritik der reinen Vernunft* (B 359–361; III, 240f.). Als Beispiele für unmittelbare Verstandesschlüsse kommen insbesondere die Übergänge innerhalb des logischen Quadrats in Frage. Kant gibt das Beispiel des subalternen Schlusses von „alle Menschen sind sterblich" zu „einige Menschen sind sterblich" (KrV B 360; III, 240).

Ursprungs. Er hat seine Quellen in der metaphysischen Tendenz der Vernunft selbst und ist daher kein Lapsus, vor dem einen der Besuch einer Logik-Veranstaltung bewahren könnte. Angesprochen ist die von Kant so genannte „Metaphysik als Naturanlage":

> Die transzendentale Dialektik wird also sich damit begnügen, den Schein transzendenter Urteile aufzudecken und zugleich zu verhüten, daß er nicht betrüge; daß er aber auch (wie der logische Schein) sogar verschwinde und ein Schein zu sein aufhöre, das kann sie niemals bewerkstelligen. Denn wir haben es mit einer *natürlichen* und unvermeidlichen *Illusion* zu tun, die selbst auf subjektiven Grundsätzen beruht und sie als objektive unterschiebt, anstatt daß die logische Dialektik in Auflösung der Trugschlüsse es nur mit einem Fehler in Befolgung der Grundsätze, oder mit einem gekünstelten Scheine in Nachahmung derselben, zu tun hat. Es gibt also eine natürliche und unvermeidliche Dialektik der reinen Vernunft, nicht eine, in die sich etwa ein Stümper durch Mangel an Kenntnissen selbst verwickelt, oder die irgend ein Sophist, um vernünftige Leute zu verwirren, künstlich ersonnen hat, sondern die der menschlichen Vernunft unhintertreiblich anhängt und selbst, nachdem wir ihr Blendwerk aufgedeckt haben, dennoch nicht aufhören wird ihr vorzugaukeln und sie unablässig in augenblickliche Verirrungen zu stoßen, die jederzeit gehoben zu werden bedürfen. (KrV, B 354f.; III, 236f.; vgl. B 397; III, 261)

In den Vernunftschlüssen der Metaphysik versucht die Vernunft, prosyllogistisch inhaltlich Neues zu erschließen, das aber alle Erfahrung transzendiert. Ein Prosyllogismus ist in der traditionellen Logik ein Übergang von einem Urteil, das man als begründet ausweisen will, zu bereits als wahr anerkannten Urteilen, aus denen das zu begründende Urteil dann als Konklusion folgt, so dass sich die als wahr anerkannten Urteile als Prämissen dieser Konklusion erweisen.[30] Wenn wir uns dieses Verfahren fortgesetzt denken, so schreiten wir in „*aufsteigender Reihe* der Vernunftschlüsse" (KrV

---

30 Vgl. ausführlich zur Erläuterung des prosyllogistischen Schließens KrV B 386–392 (III, 255–258).

B 388; III, 256) vom Bedingten über das Bedingende zum Unbedingten. Die Vernunft hat nämlich die Tendenz, diese Reihe als irgendwie abgeschlossen und damit letztlich als unbedingt zu denken: „Daher wenn eine Erkenntnis als bedingt angesehen wird, so ist die Vernunft genötigt, die Reihe der Bedingungen in aufsteigender Linie als vollendet und ihrer Totalität nach gegeben anzusehen." (KrV, B 388; III, 256) Das Unbedingte ist von Bedingungen ‚losgelöst' und in diesem Sinne ‚absolut' (von lat. ‚absolvere' = ‚loslösen').

Auf die beschriebene prosyllogistische Weise stößt die Vernunft auf unterschiedliche Ideen, die Kant folgendermaßen klassifiziert:

(1) „die absolute (unbedingte) *Einheit des denkenden Subjekts*" (die Idee der Seele mit dem Gedanken ihrer Unsterblichkeit).

(2) „die absolute *Einheit der Reihe der Bedingungen der Erscheinung*" (die Idee eines absoluten zeitlichen Anfangs der Welt).

(3) „die absolute *Einheit der Bedingung aller Gegenstände des Denkens* überhaupt" (die Idee Gottes). (KrV B 391; III, 258)

Unschwer finden wir hier die bereits aufgeführten Bereiche der *Metaphysica specialis* mit ihren besonderen Themen wieder, nämlich (1) die rationale Psychologie, (2) die rationale Kosmologie und (3) die rationale Theologie, die Kant in diesem Zusammenhang auch aufführt (KrV, B 391f.; III, 258). Alle drei begehen spezifische Fehlschlüsse. Kant unterscheidet zwischen den „Paralogismen der reinen Vernunft",[31] den „Antinomien der reinen Vernunft" und dem „Ideal der reinen Vernunft". Die Paralogismen sind die Fehlschlüsse der rationalen Psychologie, die Antinomien sind das Ergebnis von Fehlschlüssen der rationalen Kosmologie und die Idee Gottes als „Ideal der reinen Vernunft" ist das Ergebnis eines Fehlschlusses der rationalen Theologie (KrV B 397f.; III, 261f.). Angesprochen sind damit die Gottesbeweise der rationalistischen Metaphysik.

---

31 Die Bezeichnung ‚Paralogismus' ergibt sich aus der Zusammensetzung von gr. ‚para' = ‚falsch' und ‚logismos' = ‚Schluss'.

Kant unterscheidet in der *Kritik der reinen Vernunft* drei Gottesbeweise: den ontologischen, den kosmologischen und den physikotheologischen Gottesbeweis. Der ontologische Beweis, der auf Anselm von Canterbury zurückgeht und insbesondere von Descartes in seinen *Meditationen* verwendet wird, schließt aus der Bestimmung Gottes als vollkommenstes Wesen auf dessen Existenz, weil die höchste Vollkommenheit die Existenz einschließe. Der kosmologische Beweis schließt von der Existenz des Kosmos auf die Existenz einer ersten Ursache, die mit Gott als dem „unbewegten Beweger" (so bereits Aristoteles) gleichgesetzt wird. Der physikotheologische Beweis, der bereits in Kapitel 1 erörtert wurde, schließt von der vollkommenen naturgesetzlichen Einrichtung des Kosmos auf Gott als deren Urheber. Kant verwirft alle drei Gottesbeweise. Die Argumente gegen den ontologischen Beweis sind aus philosophischer Sicht besonders zu beachten, weil sie eine Bestimmung des logischen Status des Existenzbegriffs vornehmen. Dabei kann Kant auf Einsichten zurückgreifen, die er in der vorkritischen Schrift *Der einzig mögliche Beweisgrund zu einer Demonstration des Daseins Gottes* gewonnen hatte. Kant schreibt unter der Überschrift *„Das Dasein ist gar kein Prädikat oder Determination von irgend einem Ding"*:

> Dieser Satz scheint seltsam und widersinnig, allein er ist ungezweifelt gewiß. Nehmet ein Subjekt, welches ihr wollt, z. E. den Julius Cäsar. Fasset alle seine erdenklichen Prädikate, selbst die der Zeit und des Orts nicht ausgenommen, in ihm zusammen, so werdet ihr bald begreifen, daß er mit allen diesen Bestimmungen existieren, oder auch nicht existieren kann. (II, 72)

‚Existenz' ist danach nicht ein Prädikat, das als weiteres Prädikat zu den Prädikaten eines Gegenstandes hinzukommen kann. In der *Kritik der reinen Vernunft* liest sich das so: „*Sein* ist offenbar kein reales Prädikat, d. i. ein Begriff von irgend etwas, was zu dem Begriffe eines Dinges hinzukommen könne." (KrV B 626; III, 401) Damit ist ‚Existenz' auch kein Merkmal neben anderen Merkmalen eines Begriffs, und daher ist es nicht möglich, wie Kant gegen

Descartes geltend macht, aus dem Begriff Gottes als vollkommenstes Wesen die Existenz als dessen Merkmal durch bloße Begriffsanalyse zu gewinnen (II, 156 und KrV B 630; III, 403). Warum der vorkritische Kant dennoch eine Variante des ontologischen Gottesbeweises zum „einzig möglichen Beweisgrund" erklärt, ist danach nicht recht nachvollziehbar. Allerdings geht Kant bereits auf Distanz zu dem Bemühen überhaupt, einen *Beweis* für die Existenz Gottes vorzulegen, wenn es abschließend heißt: „Es ist durchaus nötig, daß man sich vom Dasein Gottes überzeuge; es ist aber nicht eben so nötig, daß man es demonstriere." (II, 163) Angedeutet wird, dass wir von Gottes Existenz kein Wissen, sondern einzig eine Glaubensgewissheit erlangen können.

In anderer Hinsicht geht Kant in *Der einzig mögliche Beweisgrund* weiter als in der *Kritik der reinen Vernunft*, indem er die negative Feststellung, dass ‚Dasein' oder ‚Existenz' kein „Prädikat von dem Dinge selbst" ist, um die positive Bestimmung ergänzt, dass es sich stattdessen um ein Prädikat „von dem Gedanken" handelt, den man von einem Ding hat (II, 72). Von dem Gedanken wird dabei ausgesagt, dass ihm ein Ding in der Wirklichkeit entspricht. Wenn wir die Formulierung ‚den Gedanken von einem Ding' durch ‚den Begriff von einem Ding' ersetzen, dann haben wir eine Vorfassung von Freges kategorialer Einsicht, dass das Prädikat der Existenz etwas von Begriffen aussagt, nämlich, dass unter den jeweiligen Begriff (mindestens) ein Ding fällt, der Begriff also nicht leer, sondern erfüllt ist. Den Begriff der Existenz selbst nennt Frege deshalb einen „Begriff zweiter Stufe"[32] im Unterschied zu Begriffen erster Stufe, die Eigenschaften von denjenigen Gegenständen bestimmen, die unter sie fallen. Dieses Beispiel belegt einmal mehr, dass Kants vorkritische Schriften zur Problemgeschichte beitragen können und nicht übergangen werden sollten.

Das Ziel der transzendentalen Dialektik ist es, die Fehler aufzudecken, die durch den Gebrauch entstehen, den die Vernunft von den

---

32 Gottlob Frege: Funktion und Begriff. Jena 1891, S. 27, Anm. Dort heißt es denn auch: „Der ontologische Beweis für das Dasein Gottes leidet an dem Fehler, daß er die Existenz wie einen Begriff erster Stufe behandelt."

Ideen macht, obwohl diese – im Unterschied zu den Kategorien – keiner Realisierung in der Anschauung fähig sind. Bei seiner Kritik belässt es Kant aber nicht, sondern er überrascht mit dem Zusatz, dass den Ideen zwar keine konstitutive (Erkenntnis begründende), aber eine regulative (Erkenntnis leitende), nämlich heuristische Funktion zukomme. Eine solche Funktion billigt Kant sogar dem physikotheologischen Gottesbeweis für die Naturforschung zu:

> Dieser Beweis verdient jederzeit mit Achtung genannt zu werden. Er ist der älteste, klarste und der gemeinen Menschenvernunft am meisten angemessene. Er belebt das Studium der Natur, so wie er selbst von diesem sein Dasein hat und dadurch immer neue Kraft bekommt. (KrV B 652; III, 415)

So besteht die heuristische Funktion der Idealisierung Gottes für Kant darin, „daß die Vernunft gebiete, alle Verknüpfung der Welt nach Prinzipien einer systematischen Einheit zu betrachten, mithin *als ob* sie insgesamt aus einem einzigen allbefassenden Wesen als oberster und allgenugsamer Ursache entsprungen wären" (KrV B 714; III, 452). Es gilt aber weiterhin: „Das regulative Prinzip der systematischen Einheit der Natur für ein konstitutives nehmen [...], heißt nur die Vernunft verwirren." (KrV B 721f.; III, 456) Kant betont daher, dass es sich bei regulativen Prinzipien um „heuristische Fiktionen" und nicht um wahrheitsfähige Hypothesen handelt (KrV B 799; III, 503). Ein Beispiel aus der Wissenschaftstheorie der Physik kann Kants Auffassung erläutern.

Die Ergebnisse der Quantenphysik haben dazu geführt, in der Mikrophysik im Unterschied zur Makrophysik den Zufall von Ereignissen anzuerkennen. Gegen diese Deutung gerichtet ist Albert Einsteins Aperçu „Gott würfelt nicht."[33] Die sinnige Bemerkung lässt sich so verstehen, dass heuristisch von dem regulativen Prinzip der Einheitlichkeit der Natur, nämlich von einer durchgehend kausalen Ordnung auch in der Mikrophysik auszugehen ist. Ein-

---

33 Albert Einstein, Hedwig und Max Born. Briefwechsel 1916–1955. Reinbek bei Hamburg 1972, S. 97f. Im Originalzitat steht nicht ‚Gott', sondern ‚der Alte'.

stein, der selbst nicht an die Existenz Gottes glaubte, empfiehlt mit seiner Aussage im Sinne von Kants Ideal der reinen Vernunft, die Natur versuchsweise so zu betrachten, *als ob* sie von einem höchsten Wesen einheitlich kausalistisch eingerichtet worden sei. Auch wenn die gegenwärtige Physik Einsteins Auffassung nicht gefolgt ist und den Zufall als Faktum der Mikrophysik anerkannt hat, ist nicht grundsätzlich auszuschließen, dass doch noch eine bislang verborgene Kausalität entdeckt wird.

Obwohl die Ideen eine heuristische Funktion für die Erkenntnis haben, billigt Kant ihnen gleichwohl keinen eigenen Erkenntniswert zu. Der Grund ist, dass Erkenntnis für ihn an die propositionale Wahrheit von Urteilen gebunden ist, die Bildung von Urteilen mit Hilfe der Ideen aber nicht möglich ist, weil diesen keine Anschauung korrespondiert.

Angesichts der obigen Auflistung der Ideen bleibt noch zu fragen, wo die Idee der Freiheit angesiedelt ist. Gemeint ist die Freiheit des *Willens*. Wir begegnen dieser Idee in der so genannten Freiheitsantinomie, der dritten der Antinomien. Da die Idee der Freiheit den Übergang zur praktischen Philosophie markiert, verdient sie unsere besondere Aufmerksamkeit. Die Freiheitsantinomie kommt zustande, indem einerseits begründet wird, dass Freiheit existieren muss (so die Thesis), andererseits aber auch, dass Freiheit ausgeschlossen ist (so die Antithesis). Die Thesis lautet:

> Die Kausalität nach Gesetzen der Natur ist nicht die einzige, aus welcher die Erscheinungen der Welt insgesamt abgeleitet werden können. Es ist noch eine Kausalität durch Freiheit zur Erklärung derselben anzunehmen notwendig. (KrV B 472; III, 308)

Die Antithesis setzt dagegen:

> Es ist keine Freiheit, sondern alles in der Welt geschieht lediglich nach Gesetzen der Natur. (KrV B 473; III, 309)

Das prosyllogistische Verfahren kommt in der Begründung der Thesis zur Anwendung. Eine Kausalerklärung besteht darin, dass man gemäß dem Kausalprinzip von einem Geschehen auf dessen Ursache schließt. Nun hat diese Ursache wiederum selbst eine Ursache und so weiter. Um eine vollständige Kausalerklärung zu erhalten, muss man die Kette der Ursachen regressiv – vom Bedingten zum Bedingenden aufsteigend – durchlaufen, bis man schließlich bei einer ersten, unbedingten Ursache ankommt. Eine unbedingte Ursache ist eine solche, die etwas von selbst anfängt. Als Fähigkeit, dies zu tun, wird bei Kant gerade Freiheit definiert. Somit ergibt sich, dass eine vollständige Erklärung der Welt ohne die Annahme von Freiheit nicht möglich ist.

Die Begründung der Antithesis erfolgt in der folgenden Weise: Die Annahme der Freiheit einer Handlung besagt, dass deren Ausführung nicht durch die Angabe einer vorausgegangenen Ursache kausal erklärbar ist. Dies bedeutet, dass die Kausalkette zwischen dem Zustand vor der Ausführung der Handlung und der Ausführung selbst unterbrochen ist. Da ohne Kausalität Erfahrung aber nicht möglich ist, bleibt Freiheit unerfahrbar und ist daher „ein leeres Gedankending" (KrV B 475; III, 309).

Auf Grund ihrer Herleitung im Ausgang von dem Gedanken einer kausalen Welterklärung findet die Idee der Freiheit ihren Platz in der Klasse der kosmologischen Ideen, obwohl sich das Problem der Willensfreiheit auch unabhängig von dieser Zuordnung in der Moralphilosophie stellt. So betont Kant in der *Kritik der praktischen Vernunft*, dass „man niemals zu dem Wagstücke gekommen sein würde, Freiheit in die Wissenschaft einzuführen, wäre nicht das Sittengesetz und mit ihm praktische Vernunft dazu gekommen und hätte uns diesen Begriff nicht aufgedrungen" (V, 30).

In der Freiheitsantinomie gerät die Vernunft in einen Widerspruch mit sich selbst, den es aufzulösen gilt. Zur Auflösung greift Kant auf seine Unterscheidung zwischen Ding an sich und Erscheinung zurück. Danach besteht die durchgehende kausale Determiniertheit lediglich in der Welt als Erscheinung, während im Bereich des Dings an sich zumindest die *Möglichkeit* der Willensfreiheit besteht. Weiter geht Kant in der theoretischen Philosophie nicht. Die *Wirklichkeit* der Willensfreiheit wird erst in der praktischen Philosophie zu einem zentralen Thema (siehe Kapitel 14).

11 Transzendentale Methodenlehre

Die transzendentale Methodenlehre bildet den abschließenden Teil der *Kritik der reinen Vernunft*. Sie stellt allerdings keine spezifisch transzendentalen Methoden vor. Vielmehr besteht sie aus Rückbesinnungen auf die bisherigen Ergebnisse der *Kritik der reinen Vernunft* und aus Anschlussüberlegungen zu den methodischen Konsequenzen, die sich daraus für das Vorgehen in der Philosophie ergeben. Verwiesen wird noch einmal auf die Vorbildrolle der Mathematik in Sachen synthetischer Erkenntnis a priori, und Kant fragt, ob die Philosophie die Methode der Mathematik übernehmen könne. Er weist diese Möglichkeit aber umgehend mit dem Argument zurück, dass es der Philosophie versagt bleibt, ihre Begriffe in der reinen Anschauung zu konstruieren, wie dies in der Mathematik der Fall ist (KrV B 741f.; III, 469).

Eine Entsprechung zur Methodenlehre der *Logik* besteht darin, dass der Definitionslehre eine eigene Behandlung gewidmet ist. Die Ausführungen dazu sind zwar viel detaillierter als diejenigen in der *Logik*, aber ebenfalls nicht spezifisch transzendental. Ein wichtiger Aspekt ist, dass Kant in diesem Zusammenhang noch einmal unterstreicht, dass die Philosophie die Methode der Mathematik nicht übernehmen könne, da Definitionen in der Philosophie nicht wie in der Mathematik am Anfang stehen, sondern eher den Abschluss der Untersuchung bilden (KrV B 758f.; III, 479f.). Widersprochen wird damit insbesondere der Auffassung Spinozas, der in seiner *Ethik* die Abfolge der Gedanken nach der von Definitionen ausgehenden deduktiven Methode der euklidischen Geometrie darstellt.[34]

Es verdient hervorgehoben zu werden, dass die Zurückweisung der mathematischen Methode für die Philosophie nicht erst ein Ergebnis der kritischen Philosophie Kants ist, sondern bereits entschieden in der vorkritischen *Untersuchung über die Deutlichkeit*

---

34 Vgl. den Titel von Baruch de Spinoza: Ethica ordine geometrico demonstrata (1677; Ethik, nach der geometrischen Methode dargestellt).

der Grundsätze der natürlichen Theologie und der Moral (1764) vertreten wird.[35] Ausgangspunkt ist auch hier das unterschiedliche Verfahren der Definitionen: *„Die Mathematik gelangt zu allen ihren Definitionen synthetisch, die Philosophie aber analytisch."* (II, 276; so auch KrV B 758; III, 479) Damit ist gesagt, dass Definitionen mathematischer Begriffe in der Zusammenfügung von Merkmalen und Definitionen philosophischer Begriffe in der Zerlegung in Merkmale bestehen.

Wie wir gesehen haben ist die von Kant durchgeführte Kritik *der* Vernunft eine Kritik *an* der Vernunft, die ihrerseits *durch* die Vernunft selbst erfolgt, weswegen wir es mit einer Selbstkritik der Vernunft zu tun haben. Diese Selbstbezüglichkeit lässt nach dem erkenntnistheoretischen Status philosophischer Begründungen innerhalb der *Kritik der reinen Vernunft* fragen. Einen Sinn für das Problem methodischer Selbstbezüglichkeit lässt Kant in der *Einleitung* der gerade herangezogenen *Untersuchung über die Deutlichkeit der Grundsätze der natürlichen Theologie und der Moral* erkennen. So betont er, dass eine Untersuchung, die den „wahren Grad der Gewißheit" und die Methode der Metaphysik, zu dieser Gewissheit zu gelangen, bestimmen will, sich nicht der Methode der Metaphysik bedienen dürfe (II, 275).

In der *Kritik der reinen Vernunft* fordert Kant von jeder Erkenntnis, dass ihre Begriffe durch „korrespondierende Anschauung", sei diese empirisch oder rein, realisierbar sind (KrV B 74; III, 74). Gemäß der Lehre von den zwei Stämmen der Erkenntnis sind nicht nur Anschauungen ohne Begriffe „blind", sondern auch Begriffe ohne Anschauung „leer" (vgl. KrV B 75; III, 75). Erkenntnis kommt für Kant nur durch die Verbindung von Begriffen und Anschauungen zustande (vgl. Kapitel 9). Obwohl Kant in der transzendentalen Methodenlehre diese Auffassung mit den Worten wiederholt „Alle unsere Erkenntnis bezieht sich doch zuletzt auf mögliche Anschauungen" (KrV B 747; III, 472), bestimmt er philosophische Erkenntnis als *„Vernunfterkenntnis* aus *Begriffen"* (KrV B 741; III, 469), und

---

35 Siehe auch bereits: Der einzig mögliche Beweisgrund zu einer Demonstration des Daseins Gottes (II, 71),

zwar *nur* aus Begriffen, also ohne Bezug auf Anschauungen. Als Gründe für diese Bestimmung lassen sich anführen, dass der Philosophie (im Unterschied zur Mathematik) die Konstruktion ihrer Begriffe in der *reinen* Anschauung versagt ist und eine Realisierung ihrer Begriffe in der *empirischen* Anschauung dem Anspruch auf apriorische Erkenntnis widersprechen würde. Damit ergibt sich ein Problem: Wenn alle Erkenntnis die Verbindung von Begriffen und Anschauungen verlangt, dann steht die Möglichkeit philosophischer Erkenntnis als Vernunfterkenntnis allein aus Begriffen grundsätzlich in Frage. Bevor wir einen Ausweg aus dieser Schwierigkeit anbieten, betrachten wir zunächst zum besseren Verständnis eine ähnliche Problematik in David Humes *Untersuchung über den menschlichen Verstand* (1748).

Humes Einteilung der Urteilsarten sieht (der Terminologie Kants folgend) lediglich analytische und synthetisch-aposteriorische Urteile vor (vgl. Kapitel 6). Zum Abschluss seiner *Untersuchung* fordert Hume dazu auf, Bücher, die weder *„eine abstrakte Erörterung über Größe und Zahl"* (also analytische Urteile) noch *„eine auf Erfahrung beruhende Erörterung über Tatsachen und Existenz"* (also synthetisch-aposteriorische Urteile) enthalten, den Flammen zu übergeben, weil sie „nichts als Sophisterei und Blendwerk enthalten".[36] Nun handelt Humes eigener Text nicht von Größen und Zahlen. Er enthält zwar auch Erörterungen, die auf Erfahrung beruhen. Die philosophischen Analysen wie insbesondere die Analyse des Begriffs der Erfahrung und des damit verbundenen Begriffs der Kausalität gehen aber darüber hinaus. Würde man Humes Aufforderung Folge leisten wollen, so würde sein Buch in gefährliche Nähe zum Feuer geraten.

Die hier angesprochene Problematik betrifft nicht nur Hume und Kant, sie ist grundsätzlicher Art. Sie ergibt sich daraus, dass Untersuchungen in der Philosophie Untersuchungen zweiter Stufe sind.

---

36 David Hume: Eine Untersuchung über den menschlichen Verstand, hg. von Herbert Herring. Stuttgart 1990, S. 207. Nach den Erfahrungen des 20. Jahrhunderts würde sich ein Aufklärer wie Hume sicher nicht mehr für eine Bücherverbrennung aussprechen.

Zum Beispiel untersucht die Philosophie nicht Erfahrungstatsachen, sondern sie analysiert, wie der Begriff der Erfahrungstatsache zu verstehen ist. Die Sprache der Philosophie ist eine *Metasprache*, die über andere Sprachen als *Objektsprachen* – wie insbesondere die Wissenschaftssprache – spricht und deren Sinn- und Erkenntnisbedingungen bestimmt, ohne diesen Bedingungen jedoch selbst zu genügen.

Radikale Konsequenzen aus diesem Umstand hat Ludwig Wittgenstein (1889–1951) in seinem *Tractatus logico-philosophicus* gezogen. Diese Konsequenzen ergeben sich dadurch, dass die Sätze, aus denen der Text des *Tractatus* besteht, keine sinnvollen Sätze im Sinne des Sinnkriteriums sind, das im *Tractatus* für Sätze formuliert wird. Insbesondere erweisen sich die Sätze des *Tractatus* als logisch-syntaktisch nicht wohlgeformt. Daher erklärt Wittgenstein paradoxerweise, dass seine eigenen philosophischen Sätze (und die Sätze der Philosophie überhaupt) „unsinnig" seien. Gleichwohl erfüllen sie für ihn einen wichtigen Zweck, nämlich als „Erläuterungen" eine „logische Klärung der Gedanken" vorzunehmen.[37]

So weit wie Wittgenstein muss man nicht gehen. Zu fragen ist aber, inwieweit die Philosophie überhaupt die Forderung, eine Wissenschaft im strengen Sinn zu sein, erfüllen kann. Zu bedenken ist, ob ihr nicht ein ganz anderer Status zukommt, ein Status, der dazu berechtigt oder mitunter sogar zwingt, sich auch nicht-wissenschaftlicher und selbst literarischer Darstellungs- und Erkenntnisformen zu bedienen. Wittgenstein meinte gar: „Philosophie dürfte man eigentlich nur *dichten*."[38] Mit dem „Nur" geht er zwar zu weit; aber ein „Auch" hat einiges für sich. Versteht man Dichtung als fiktionale Literatur, so haben wir in Platons Dialogen und in Descartes' *Meditationen* klassische Beispiele fiktionaler Inszenierungen und damit philosophischer Dichtung vorliegen.

---

37 Ludwig Wittgenstein: Tractatus logico-philosophicus; in: Werkausgabe, Bd. 1. Frankfurt am Main 1989 (S. 8–85), 4.112.

38 Wittgenstein: Vermischte Bemerkungen, hg. von Georg Henrik von Wright. Frankfurt am Main 1977, S. 53.

Mit solchen Überlegungen gehen wir über Kant hinaus, der betont, dass „wohl alle Philosophie prosaisch" sei. Zu denken gibt allerdings, dass er im selben Zusammenhang – gar nicht prosaisch – zur Stützung seiner Auffassung den bildlichen Vergleich bringt: „und ein Vorschlag jetzt wiederum poetisch zu philosophieren möchte wohl so aufgenommen werden, als der für den Kaufmann: seine Handelsbücher künftig nicht in Prosa, sondern in Versen zu schreiben (*Von einem neuerdings erhobenen vornehmen Ton in der Philosophie*: VIII, 405). Kommen wir von hier auf die Frage zurück, wie für Kant philosophische Erkenntnis möglich ist.

Kants Bestimmung philosophischer Erkenntnis als Vernunfterkenntnis nur aus Begriffen impliziert, dass die philosophischen Erkenntnisse der *Kritik der reinen Vernunft* nicht die Bedingung erfüllen, die die *Kritik der reinen Vernunft* selbst für Erkenntnisse formuliert, nämlich die Verbindung von Begriffen und Anschauungen. Ein transzendentalphilosophisches Argument, welches das Kausalgesetz als Bedingung der Möglichkeit von Erfahrung aufweist, hat wenigstens einen Bezug auf mögliche Erfahrung und damit indirekt auf empirische Anschauung. Es finden sich in der *Kritik der reinen Vernunft* aber auch zahlreiche Erkenntnisse, denen selbst ein solcher indirekter Bezug fehlt.

Da ist zum Beispiel die Einteilung der Erkenntnisurteile in die drei Arten *analytisch*, *synthetisch-aposteriorisch* und *synthetisch-apriorisch* anzuführen. Diese gegenüber Leibniz und Hume neue Einteilung ist das Ergebnis einer Analyse des Begriffs des Erkenntnisurteils. Erweitert wird unsere Erkenntnis über mögliche Arten der Erkenntnisurteile, indem die Einteilung in analytisch-apriorische und synthetisch-aposteriorische Urteile um synthetisch-apriorische Urteile ergänzt wird. Das Urteil, dass und wie zwischen den genannten drei Urteilsarten zu unterscheiden ist, ist ein Urteil über mögliche Urteilsarten und damit ein erkenntnistheoretisches Meta-Urteil. Zu bestimmen ist der erkenntnistheoretische Status dieses Meta-Urteils. Es kann kein analytisches Urteil im Sinne Kants sein, weil es unsere Erkenntnis inhaltlich erweitert. Ein analytisches Urteil ist ja für Kant lediglich ein Erläuterungsurteil, das im Prädikatbegriff nur etwas aussagt, was im Subjektbegriff bereits als

Merkmal enthalten ist. Es scheiden aber auch beide Arten des synthetischen Urteils aus, da sowohl der Bezug auf reine als auch auf empirische Anschauung fehlt. Da Kant das fragliche Meta-Urteil durch eine Analyse des Begriffs des Erkenntnisurteils gewinnt, kann man es genau genommen als ein analytisches Erweiterungsurteil bestimmen. Dabei ist die Analyse dann freilich nicht mehr auf die Zerlegung von Begriffen in ihre Merkmale beschränkt, sondern – wie im Fall unseres Meta-Urteils – mit einer Berichtigung oder Neubestimmung von Begriffen und Unterscheidungen verbunden. Die Philosophie hat es wesentlich mit solchen korrigierenden Analysen von Grundbegriffen und Grundunterscheidungen zu tun.[39] Daher bietet es sich an, die Bestimmung philosophischer Erkenntnis als Vernunfterkenntnis aus Begriffen im Sinne einer solchen Analyse zu verstehen. Für diesen Vorschlag findet sich bei Kant ein stützender Hinweis. Das bereits herangezogene Zitat „Alle unsere Erkenntnis bezieht sich doch zuletzt auf mögliche Anschauungen" fährt fort: „denn durch diese allein wird ein *Gegenstand* gegeben" (KrV B 747; III, 472; Hervorhebung G. G.). Diese Formulierung legt es nahe, dass der Bezug auf Anschauungen nur von gegenständlicher Erkenntnis gefordert wird, so dass außerdem eine rein begriffliche Vernunfterkenntnis möglich bleibt. Um dem philosophischen Diskurs erkenntnistheoretisch gerecht zu werden, ist Kants ursprüngliche Einteilung der Urteilsarten daher zu ergänzen, indem neben die analytischen Erläuterungsurteile die analytischen Erweiterungsurteile gestellt werden.

Die Anerkennung einer rein begrifflichen philosophischen Erkenntnis ohne eine Realisierung ihrer Begriffe in der Anschauung bedingt, dass solche Begriffe einen erkenntnistheoretischen Status haben, der demjenigen der Ideen der Vernunft vergleichbar ist. Für diese Begriffe gilt dann ebenfalls, was Kant später in der *Kritik der Urteilskraft* für die Ideen vorsieht, dass sie ersatzweise wenigstens durch „symbolische Hypotyposen" – das sind „Versinnlichungen"

---

39 Letztlich liegt auch der transzendentalen Erkenntnis, dass das Kausalgesetz Bedingung der Möglichkeit von Erfahrung ist, eine Analyse des Unterschieds zwischen Erfahrungsurteil und Wahrnehmungsurteil zu Grunde.

durch Bilder, Gleichnisse und Metaphern – *indirekt* veranschaulicht werden. Als Beispiel führt er unter anderem den Vergleich „zwischen einem despotischen Staate und einer Handmühle" an. Kant fordert sogar dazu auf, der Rolle symbolischer Hypotyposen für die Erkenntnisvermittlung „eine tiefere Untersuchung" zu widmen (V, 352f.). Damit gesteht er bildlichen Ausdrucksweisen einen Erkenntniswert zu, was in der philosophischen Tradition häufig verneint wurde, indem man diese als bloßen oder gar gefährlichen Redeschmuck abgetan beziehungsweise abgelehnt hat. Kant selbst setzt in seinen Schriften trotz der geäußerten Bedenken gegen poetisches Philosophieren solche literarisch-rhetorischen Darstellungsmittel gezielt ein. Erinnert sei an seine Verwendung der Gerichtshofmetapher zur Erläuterung des kritischen Vorgehens der *Kritik der reinen Vernunft* (KrV A XIf.; IV, 9. Siehe auch KrV B 779; III, 491).

12 Der Aufbau der *Kritik der praktischen Vernunft*

Wie in der *Kritik der reinen Vernunft* so wird auch in der *Kritik der praktischen Vernunft* zwischen Elementarlehre und Methodenlehre unterschieden und die Elementarlehre in Analytik und Dialektik unterteilt. Die interne Gliederung der Analytik weicht aber von derjenigen der *Kritik der reinen Vernunft* ab (siehe Übersicht Nr. 4).

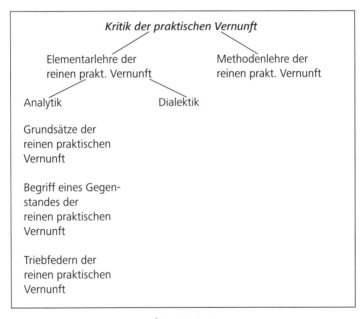

Übersicht Nr. 4

Während die *Kritik der reinen Vernunft* der *Logik* folgend die Begriffe vor den Grundsätzen behandelt, kehrt die *Kritik der praktischen Vernunft* die Reihenfolge um und behandelt die Grundsätze vor dem „Begriff eines Gegenstandes der reinen praktischen Vernunft". Dieser Begriff ist der Begriff des moralisch Guten. Der sachliche Grund für die Umstellung ist, dass für Kant das moralische Gesetz gegenüber dem Begriff des Guten primär ist. Moralisches Handeln besteht danach in der Befolgung des moralischen Gesetzes und nicht in der Orientierung am Guten. Es gilt, „daß nicht der Begriff des Guten als eines Gegenstandes das moralische Gesetz, sondern umgekehrt das moralische Gesetz allererst den Begriff des Guten, sofern es diesen Namen schlechthin verdient, bestimme und möglich mache" (V, 64).

Eine weitere Änderung im Aufbau der *Kritik der praktischen Vernunft* gegenüber dem Aufbau der *Kritik der reinen Vernunft* ist die Einordnung der Sinnlichkeit. Diese bildet als Anschauung eine Grundlage der theoretischen Erkenntnis. Daher wird ihr mit der transzendentalen Ästhetik innerhalb der transzendentalen Elementarlehre der *Kritik der reinen Vernunft* ein eigener Bereich neben der transzendentalen Logik zugewiesen. Für die praktische Vernunft besteht die Sinnlichkeit in Gefühlen, und Gefühle lehnt Kant als Grundlage moralischer Bewertungen entschieden ab (siehe dazu das folgende Kapitel). Gefühle als sinnliche Neigungen stellen für die praktische Vernunft sogar ein Hindernis dar, dem moralischen Gesetz im Handeln Folge zu leisten. Derartige Erörterungen setzen das Verständnis des moralischen Gesetzes sowie das Verständnis des durch dieses Gesetz bestimmten Begriffs des Guten voraus. Sie bilden deshalb unter der Überschrift „Von den Triebfedern der reinen praktischen Vernunft" den Abschluss der Analytik in der *Kritik der praktischen Vernunft* (V, 71–89; vgl. zur Begründung der Gliederung der Analytik V, 16 und V, 90).

Kant verwendet zwar den Plural „Triebfedern", betont aber sogleich, dass es keine andere Triebfeder des Willens zu moralischem Handeln gibt als das moralische Gesetz (V, 71f.). Dieses wehrt alle Neigungen ab, die seiner Befolgung entgegenstehen könnten. Indem das moralische Gesetz damit auch den zu diesen Neigungen gehörenden „Hang zur Selbstüberschätzung" abwehrt und „den Eigendünkel *schwächt*", wird es „zugleich ein Gegenstand der *Achtung*" und damit Gegenstand eines besonderen „positiven Gefühls" (V, 73), das allerdings von ganz anderer Art ist, als es sinnliche Gefühle sind. Das Gefühl der Achtung fürs moralische Gesetz leistet zwar keine moralische Beurteilung oder Begründung, diese bleiben dem moralischen Gesetz selbst vorbehalten. Kant billigt ihm aber eine sozusagen flankierende Rolle zu, nämlich als motivierende Triebfeder für Subjekte zu fungieren, um das moralische Gesetz „in sich zur Maxime zu machen" (V, 76). Somit haben wir es immerhin mit zwei Triebfedern und insofern mit einer berechtigten Pluralbildung zu tun.

Im weiteren Aufbau der *Kritik der praktischen Vernunft* folgt (wie in der *Kritik der reinen Vernunft*) auf die Analytik die Dialektik. In dieser geht es um die Auflösung der Antinomie der praktischen Vernunft. Diese Antinomie besteht in dem Widerspruch zwischen Tugend und Glückseligkeit, dass nämlich ein tugendhaftes Verhalten keineswegs dazu führen muss, glücklich zu werden. Siehe dazu die Ausführungen in Kapitel 15.

An die aus Analytik und Dialektik bestehende Elementarlehre schließt auch in der *Kritik der praktischen Vernunft* die Methodenlehre an, die allerdings anders als in der *Kritik der reinen Vernunft* keine Methode des Erkennens, sondern eine Anleitung für die moralische Erziehung darstellt. Sie ist sehr kurz gefasst, indem sie nur auf „die allgemeinsten Maximen der Methodenlehre einer moralischen Bildung und Übung" (V, 161) hinweist, deren Ausarbeitung in die Pädagogik gehört (vgl. V, 154).

Kants Ethik ist eine Pflichtethik, die mehr verlangt als die Alltags-
moral der Goldenen Regel „Was du nicht willst, das man dir tu',
das füg' auch keinem andern zu!" Neben dieser negativen Version,
die das Unterlassen von Handlungen fordert, gibt es auch eine
positive Version, die besagt: „Behandle andere so, wie du selbst
von ihnen behandelt werden willst." Die Goldene Regel ist genau
betrachtet keine moralische Regel, sondern eine Klugheitsregel.
Sie empfiehlt, Rücksicht auf seine Mitmenschen zu nehmen, weil
diese einem sonst Gleiches mit Gleichem vergelten könnten. Diese
Gefahr bringt das bekannte Sprichwort zum Ausdruck: „Wie man
in den Wald hinein ruft, so schallt es heraus." Die Goldene Regel
geht insofern nicht über die Formulierung eines zweckrational
begründeten Eigeninteresses hinaus. Der logischen Form nach
handelt es sich daher um einen *hypothetischen* Imperativ: ‚*Wenn*
du anständig von anderen behandelt werden willst, *dann* behandle diese auch anständig.' Kant stellt dagegen einen *kategorischen*
Imperativ auf. Dieser fordert unbedingt, nämlich unabhängig davon, wie mir die anderen begegnen: „Handle so, daß die Maxime
deines Willens jederzeit zugleich als Prinzip einer allgemeinen Gesetzgebung gelten könne." So die Formulierung in der *Kritik der
praktischen Vernunft* (V, 30). Siehe auch die *Grundlegung zur Metaphysik der Sitten* (IV, 421). Kants Ethik ist daher nicht *be*schreibend (deskriptiv), sondern *vor*schreibend (präskriptiv). Deutlich
macht dies bereits die sprachliche Form des kategorischen Imperativs. Gesagt wird nicht, wie Menschen tatsächlich handeln, sondern wie sie handeln sollen.

    Kant unterscheidet zwischen einem Handeln *aus* Pflicht, das der
Pflicht ohne jedes Nebeninteresse folgt, und einem Handeln *gemäß* Pflicht. Pflichtgemäß handelt auch derjenige, der das Gute
tut in der Erwartung, dadurch Anerkennung zu gewinnen, oder
das Böse unterlässt, weil er Angst vor der Strafe hat – und sei es
in einer anderen Welt. Ein solches Handeln ist für Kant kein rein
moralisches Handeln. Freilich ist mit einem solchen Verhalten für

ein gelingendes Miteinander schon sehr viel gewonnen. Der Unterschied wird von Kant auch als Unterschied zwischen Moralität und Legalität bestimmt. Dabei wird Legalität als pflichtgemäße Befolgung des *moralischen* Gesetzes bestimmt (V, 81). Das heutige Verständnis von Legalität meint dagegen die Befolgung *juristischer* Gesetze. Die in diesem Sinne geläufige Unterscheidung zwischen Moralität und Legalität trifft auch Kant in der *Metaphysik der Sitten*, indem er betont, dass die Pflicht, „der rechtlichen Gesetzgebung" Folge leisten zu müssen, keine innerliche moralische „Triebfeder" verlangt (VI, 219). Anzumerken ist, dass pflichtgemäße Moralität und erst recht Moralität aus Pflicht mit juristischer Legalität in Widerspruch geraten kann, insbesondere in Unrechtsstaaten.

Kants Ethik besteht nicht aus einem *inhaltlichen* Katalog, wie etwa die Zehn Gebote, von gebotenen oder verbotenen Handlungen beziehungsweise Handlungstypen, sondern sie gibt im kategorischen Imperativ einen *formalen* Beurteilungsmaßstab an, nach dem im Einzelfall geprüft wird, was zu tun ist. Im Unterschied zu einer *materialen Wertethik*, wie sie zum Beispiel Max Scheler in *Der Formalismus in der Ethik und die materiale Wertethik* (1913/16) vertreten hat, ist Kants Ethik eine *formale Regelethik*. Dieses Verständnis entspricht der im vorigen Kapitel besprochenen Auffassung Kants zum Verhältnis zwischen dem moralischen Gesetz und dem Begriff des Guten. Danach besteht moralisches Handeln nicht darin, wie etwa bei Platon, die Idee des Guten zu erkennen und ihr zu folgen, sondern darin, dem moralischen Gesetz zu folgen, wobei das moralisch Gesetz allererst bestimmt, was das Gute ist. Der formale Charakter der Ethik Kants ist eher als Stärke denn als Schwäche anzusehen, weil der kategorische Imperativ auch bei historischen Veränderungen und deren Wertewandel anwendbar bleibt.

Übrigens meint Kant nicht, dass jede einzelne Handlung moralisch sozusagen ‚durchgecheckt' werden müsste, bevor sie ausgeführt wird. Es gibt ja moralisch neutrale Fälle, und diese sind im Alltag weitaus in der Mehrzahl. Was Kant dazu in der *Metaphysik der Sitten* schreibt, macht deutlich, dass er keineswegs ein Fundamentalist der Pflicht war:

Phantastisch-tugendhaft aber kann doch der genannt werden, der keine in Ansehung der Moralität *gleichgültige Dinge* (adiaphora)[40] einräumt und sich alle seine Schritte und Tritte mit Pflichten als mit Fußangeln bestreut und es nicht gleichgültig findet, ob ich mich mit Fleisch oder Fisch, mit Bier oder Wein, wenn mir beides bekommt, nähre; eine Mikrologie, welche, wenn man sie in die Lehre der Tugend aufnähme, die Herrschaft derselben zur Tyrannei machen würde. (VI, 409)

Diese Warnung, die auch heute noch aktuell ist, dürfte indirekt gegen den radikalen Pietismus gerichtet sein, für den es keine ethisch neutralen Handlungen gibt und der deshalb weltliche Vergnügungen wie zum Beispiel das Tanzen verbot.

Kant geht zudem davon aus, dass man Maximen so internalisieren kann, dass man ihnen ,habituell' von selbst folgt. Dies zu erreichen ist Kants *Pädagogik* zufolge das Ziel der Erziehung, welche die „Keime zum Guten" im Menschen entwickeln soll (IX, 448). Der kategorische Imperativ kommt dann zum Einsatz, wenn es im Ernst- oder Konfliktfall eines formalen Kriteriums für moralische Entscheidungen bedarf.

Kants Pflichtethik steht im Gegensatz zu sämtlichen Ethiken, deren vorrangiges Ziel es ist, das Glück der Menschen zu befördern. Glück beziehungsweise Glückseligkeit, wie Kant sich ausdrückt, wird von ihm bestimmt als „Zustand eines vernünftigen Wesens in der Welt, dem es im Ganzen seiner Existenz *alles nach Wunsch und Willen geht*" (V, 124). Obwohl der Mensch von Natur aus nach Glück strebe, könne dieses Streben nicht die Grundlage einer allgemein verbindlichen Moral bilden. Glück bedeute für Menschen sehr Unterschiedliches, und die Glücksvorstellungen einzelner Menschen könnten sich sogar im Laufe ihres Lebens ändern (V, 25).[41] Das Streben nach persönlichem Glück bleibt für Kant durch-

---

40 Der griechische Ausdruck ,adiaphora' geht auf die Stoa zurück und bedeutet ,nicht Unterschiedenes' im Sinne von weder gut noch böse.

41 Bemerkenswert ist, dass die Amerikanische Unabhängigkeitserklärung von 1776 „das Streben nach Glück" (the pursuit of Happiness) zu einem Menschenrecht erklärt, wobei offen gelassen wird, worin dieses Glück besteht.

aus legitim, man dürfe darauf aber keine Rücksicht nehmen, „so bald von Pflicht die Rede ist" (V, 93).

Kants Ethik ist *universalistisch* und nicht *partikularistisch*. Dies kommt bereits in der Formulierung des kategorischen Imperativs zum Ausdruck. Eine „allgemeine Gesetzgebung" ist eine Gesetzgebung, die für alle gilt, und mit ‚alle' sind die Menschen als vernunftbegabte Wesen gemeint. Ebenfalls universalistisch ist – jedenfalls der Idee nach – das Christentum. Es lässt sich als eine präskriptive, universalistische und materiale Wertethik verstehen, deren höchstes Gebot das Gebot der Nächstenliebe ist. Auch das Christentum ist keine Glücksethik; denn seinen Nächsten zu lieben, macht nicht unbedingt glücklich.

Kant lehnt das Gefühl der Liebe als Grundlage des moralischen Handelns in der *Kritik der praktischen Vernunft* entschieden ab:

> Es ist von der größten Wichtigkeit in allen moralischen Beurteilungen auf das subjektive Prinzip aller Maximen mit der äußersten Genauigkeit Acht zu haben, damit alle Moralität der Handlungen in der Notwendigkeit derselben *aus Pflicht* und aus Achtung fürs Gesetz, nicht aus Liebe und Zuneigung zu dem, was die Handlungen hervorbringen sollen, gesetzt werde. (V, 81)

Ungeachtet des Hohelieds der Liebe, in dem es heißt „Wenn ich mit Menschen- und mit Engelzungen redete und hätte der Liebe nicht, so wäre ich ein tönendes Erz oder eine klingende Schelle",[42] stellt Kant auch mit Blick auf das Christentum grundsätzlich in Frage, dass man überhaupt ein Liebesgebot aufstellen kann; „denn es steht in keines Menschen Vermögen, jemanden bloß auf Befehl zu lieben." (V, 83) Demzufolge heißt es in der *Metaphysik der Sitten*, dass „eine *Pflicht zu lieben* ein Unding" sei (VI, 401). Kant wird man soweit folgen können: Statt demjenigen, den wir vielleicht nicht leiden können, in angestrengter und dann ‚säuerlicher' Liebe zu begegnen, ist dieser als Person zu achten. Von „Liebe als Nei-

---

42 1. Korintherbrief, 13. Kapitel, Vers 1 nach der Lutherbibel.

gung" und damit als Gefühl unterscheidet Kant allerdings ein „Wohltun aus Pflicht" (*Grundlegung*: IV, 399), welches unserem Nächsten gegenüber geboten ist: „Die Maxime des Wohlwollens (die praktische Menschenliebe) ist aller Menschen Pflicht gegeneinander; man mag diese nun liebenswürdig finden oder nicht." (*Metaphysik der Sitten*: VI, 450) In diesem praktischen Sinne deutet Kant dann auch das christliche Liebesgebot.

Was es heißt, seine Pflicht zu tun, bringt Kants Hymne an die Pflicht in der *Kritik der praktischen Vernunft* beeindruckend zum Ausdruck. Man beachte die rhetorische Balance zwischen Strenge und Ermunterung:

> *Pflicht*! du erhabener, großer Name, der du nichts Beliebtes, was Einschmeichelung bei sich führt, in dir fassest, sondern Unterwerfung verlangst, doch auch nicht drohest, was natürlich Abneigung im Gemüte erregte und schreckte, um den Willen zu bewegen, sondern bloß ein Gesetz aufstellst, welches von selbst im Gemüte Eingang findet und doch sich selbst wider Willen Verehrung (wenn gleich nicht immer Befolgung) erwirbt, vor dem alle Neigungen verstummen, wenn sie gleich ingeheim ihm entgegen wirken: welches ist der deiner würdige Ursprung, und wo findet man die Wurzel deiner edlen Abkunft, welche alle Verwandtschaft mit Neigungen stolz ausschlägt, und von welcher Wurzel abzustammen die unnachlaßliche Bedingung desjenigen Werts ist, den sich Menschen allein selbst geben können? (V, 86)

Die Frage ist, ob Kant mit seiner strikten Zurückweisung einer gefühlsbasierten Liebesethik nicht zu weit geht. Als Beleg für einen latenten Rigorismus der Vernunft könnte der Aufsatz *Über ein vermeintes Recht aus Menschenliebe zu lügen* (1797) angeführt werden. Darin betont Kant, dass man selbst einen Menschen mit Mordabsicht nicht belügen dürfe, wenn dieser nach dem Aufenthaltsort des potentiellen Opfers fragt. Vielmehr sei es ein „unbedingt gebietendes", also kategorisches „Vernunftgebot", wahrhaftig zu sein (VIII, 427). Auf Kants Argumentation ist hier nicht weiter einzugehen, da das Ergebnis ethischen Intuitionen vollkommen widerspricht.

Die Gefahr des Rigorismus in Kants Pflichtethik, bedingt durch die Ausklammerung des Gefühls der Liebe, deutet bereits der Kantianer Schiller (mit Bezug auf die Freundesliebe) ironisch in dem Zweizeiler *Gewissensskrupel* an: „Gerne dien ich den Freunden, doch tu ich es leider mit Neigung / Und so wurmt es mir oft, daß ich nicht tugendhaft bin."[43] Man kann Kant zugestehen, dass die Liebe nicht die Grundlage der Moral, nämlich das Kriterium der Beurteilung abgeben kann, weil sie so oder so, also auch als Nächstenliebe, ein subjektives Gefühl ist. Warum aber soll die Liebe nicht eine *zusätzliche* Motivationshilfe für die Ausführung einer Handlung nach dem kategorischen Imperativ abgeben?

Immerhin betrachtet Kant es in der *Metaphysik der Sitten* selbst als Pflicht, „sein Gewissen zu kultivieren" (VI, 401), und das Gewissen ist als Schuldgefühl ja auch gefühlsbasiert. Es ist zudem so, dass die Ausbildung des Mitgefühls, allererst für Fragen der Moralität empfänglich macht. Als Bestätigung kann Kants Verurteilung der Tierquälerei herangezogen werden, in der er betont, dass durch derartiges Verhalten das Mitgefühl abgestumpft werde „und dadurch eine der Moralität im Verhältnis zu anderen Menschen sehr diensame natürliche Anlage geschwächt und nach und nach ausgetilgt wird" (VI, 443).[44] Hier spricht Kant selbst den Gedanken aus, dass die Moralität des Menschen durch Mitgefühl gestärkt wird. Zur Motivation moralischen Handels wären Gefühle wie Liebe und Sympathie demnach nicht nur zulässig, sondern sogar hilfreich. Es bedarf dieser Gefühle, um sich moralisch zu sensibilisieren. In diesem Sinne ist es für Kant „indirekte Pflicht, die mitleidigen natürlichen (ästhetischen) Gefühle in uns zu kultivieren" (VI, 457). Der Ausdruck ‚ästhetisch' unterstreicht hier, dass Gefühle sinnlicher Natur sind.

Was die *Grundlage* der Ethik betrifft, so ist bei Kant für Gefühle kein Platz. Kant ist entschiedener Kognitivist, indem für ihn die

---

43 Friedrich Schiller: Xenien; in: Nationalausgabe, Bd. 1, S. 357. Auch in: Schillers Werke in zwei Bänden, hg. von Gerhard Stenzel. Salzburg 1952, Bd. 1, S. 336.

44 In der *Anthropologie* werden „die vernunftlosen Tiere" leider als „Sachen" im Unterschied zu den Menschen als „Personen" bestimmt (VII, 127).

Richtigkeit moralischer Urteile einzig durch Vernunft zu begründen ist. Jedenfalls gilt dies für die kritische Phase. Ursprünglich war es für Kant in der „praktischen Weltweisheit" noch offen, „ob lediglich das Erkenntnisvermögen oder das Gefühl (der erste, innere Grund des Begehrungsvermögens) die ersten Grundsätze dazu entscheide". (*Untersuchung über die Deutlichkeit der Grundsätze der natürlichen Theologie und der Moral*: II, 300).

Die Auffassung, dass die Grundlage der moralischen Zustimmung ein moralisches Gefühl ist, hat David Hume vertreten, der damit ein klassischer Repräsentant des *Emotivismus* als Gegenposition zum *Kognitivismus* ist:

> Wenn aber auch eine in jeder Weise ausgebildete und entwickelte Vernunft genügt, um uns über die schädliche oder nützliche Tendenz von Eigenschaften und Handlungen aufzuklären, so reicht sie doch allein nicht aus, um moralische Mißbilligung oder Billigung hervorzurufen. Nützlichkeit [utility] ist nur ein Gerichtetsein auf einen bestimmten Zweck, und da, wo der Zweck uns gänzlich gleichgültig wäre, würden wir dem Mittel gegenüber ebenso gleichgültig bleiben. An dieser Stelle muß sich ein *Gefühl* [sentiment] geltend machen, damit wir den nützlichen Tendenzen vor den schädlichen den Vorzug geben. Dies Gefühl kann nun nichts anderes sein als Sympathie mit dem Glück der Menschheit und Unwille über ihr Unglück; denn dies sind die verschiedenen Ziele, die zu fördern die Tugend und das Laster die Tendenz haben. An dieser Stelle also gibt uns die *Vernunft* [reason] Aufschluß über die verschiedenen Tendenzen des praktischen Verhaltens, und die *Menschenliebe* [humanity] schafft eine Unterscheidung zugunsten der Handlungen, die nützlich und wohltätig sind.[45]

Wie dieser Text belegt, ist eine emotivistische Position mit einem ethischen Universalismus durchaus vereinbar, wenn nämlich davon ausgegangen wird, dass das Mitgefühl in der menschlichen Natur

---

45 David Hume: Untersuchung über die Prinzipien der Moral, hg. von Carl Winckler. Hamburg 1962, S. 136f.

fest verwurzelt ist.[46] Wir empfinden, wie es in dem obigen Zitat heißt, „Sympathie mit dem Glück der Menschheit und Unwille über ihr Unglück". Das Ergebnis ist bei Hume eine auf Mitgefühl gegründete Tugendethik. Unter Tugend versteht er dabei emotivistisch „jede geistige Tätigkeit oder Eigenschaft, die im Beschauer das angenehme Gefühl der Billigung wachruft".[47]

Das obige ausführliche Zitat gibt zu verstehen, und Hume betont es auch ausdrücklich, dass „ein Hauptgrund für die moralische Billigung die Nützlichkeit einer Eigenschaft oder Handlung ist".[48] Darüber, wie Handlungen ihren Zweck erreichen, belehre uns die Vernunft. Deren Tätigkeit bleibe aber dementsprechend auf zweckrationale Überlegungen beschränkt. Die jeweilige Entscheidung für einen bestimmten wohltätigen Zweck nach Maßgabe seiner Nützlichkeit ist für Hume dagegen Sache des moralischen Gefühls.

Aus anderen Gründen als sie Kant vorgebracht hat werden Glücksethiken auch von Schopenhauer verworfen. Für Schopenhauer ist es ein „angeborener Irrtum" des Menschen, „daß wir dasind, um glücklich zu sein".[49] Die Ethik hat danach zwar eine Gefühlsgrundlage, ohne dass dieses Gefühl aber auf das Glück der Mitmenschen ausgerichtet ist. Grundlage der Ethik ist für Schopenhauer das Gefühl des Mitleids mit der leidenden Kreatur. Ausdrücklich einbezogen sind dabei die Tiere, weil sie leidensfähig sind. Im Unterschied zur Liebe, die auch Momente der positiven Anteilnahme enthält, nämlich die Mitfreude mit Anderen, ist das Mitleid eine Form negativer Anteilnahme. Schopenhauers Mitleidsethik hängt mit seinem Pessimismus zusammen, wonach Leben wesentlich Leiden heißt. Ungeachtet dieses Pessimismus ist in der Mitleidsethik ein Aspekt angesprochen, um das eine kantische Vernunftethik zu ergänzen wäre, und zwar wiederum im Sinne einer Kultivierung der moralischen Urteilskraft.

---

46 Ebd., S. 62, Anm. 1.
47 Ebd., S. 140.
48 Ebd., S. 135.
49 Arthur Schopenhauer: Die Welt als Wille und Vorstellung, Bd. 2, hg. von Wolfgang von Löhneysen. Darmstadt 1976, Kapitel 49 (S. 813).

Nach Kant ist nichts gut als der gute nach verallgemeinerbaren Vernunftgründen handelnde Wille. In der *Grundlegung zur Metaphysik der Sitten* heißt es: „Es ist überall nichts in der Welt, ja überhaupt auch außer derselben zu denken möglich, was ohne Einschränkung für gut könnte gehalten werden, als allein ein **guter Wille**." (IV, 393) Kants Ethik wird deshalb auch als *Gesinnungsethik* charakterisiert und ihr eine *Verantwortungsethik* gegenübergestellt, die den moralischen Wert einer Handlung nach deren Folgen beurteilt und daher auf einen heute so genannten *Konsequentialismus* hinausläuft. Tatsächlich verlangt Kant mehr als eine gute Gesinnung, die auch „bloßer Wunsch" bleiben könnte. Er fordert nämlich einen Willen unter „Aufbietung aller Mittel, so weit sie in unserer Gewalt sind" (IV, 394).

Auch für Kant gilt Erich Kästners Epigramm „Es gibt nichts Gutes / außer: Man tut es." Der tätige gute Wille hat für ihn allerdings einen „Wert in sich selbst", so dass die Folgen nicht entscheidend sind: „Die Nützlichkeit oder Fruchtlosigkeit kann diesem Werte weder etwas zusetzen, noch abnehmen" (IV, 394). Nun versteht es sich von selbst, dass in unseren heutigen Zeiten unbegrenzter technischer Verfügbarkeit verstärkt auf mögliche Konsequenzen des Handelns zu achten ist, wie dies Hans Jonas' klassischer Text der Verantwortungsethik *Das Prinzip der Verantwortung. Versuch einer Ethik für die technologische Zivilisation* (1979) bereits im Titel zum Ausdruck bringt.

Nun impliziert auch Kants Ethik den Gedanken der Verantwortung, indem sie die Menschheit in ihre Überlegungen einbezieht. In den Mittelpunkt stellt die *Kritik der praktischen Vernunft* freilich den Menschen als Person:

> Der Mensch ist zwar unheilig genug, aber die *Menschheit* in seiner Person muß ihm heilig sein. In der ganzen Schöpfung kann alles, was man will, und worüber man etwas vermag, auch *bloß als Mittel* gebraucht werden; nur der Mensch und mit ihm jedes vernünftige Geschöpf ist *Zweck an sich selbst*. (V, 87)

Das moralische Verbot, den Menschen *bloß* als Mittel zu eigenen Zwecken zu benutzen, steht außer Frage.[50] Zu fragen ist allerdings, ob damit gemeint ist, dass der Mensch *niemals* oder *auch, aber nicht nur* als Mittel gebraucht werden darf. Für die zweite Deutung spricht, dass Kant in der *Grundlegung zur Metaphysik der Sitten* betont: „der Mensch [...] *existiert* als Zweck an sich selbst, *nicht bloß als Mittel* zum beliebigen Gebrauche für diesen oder jenen Willen, sondern muß [...] jederzeit *zugleich als Zweck* betrachtet werden." (IV, 428). Die entsprechende Auffassung ist auch die sachlich angemessene. Dazu ein Beispiel: Wenn ich einen Handwerker eine Reparatur für mich ausführen lasse, so setze ich ihn als Mittel zu meinem Zweck ein; aber als Person ist er für mich außerdem Zweck an sich selbst.

Einen pikanten Beleg für die zweite Deutung liefert der unverheiratete Kant selbst mit seiner mehr als nüchternen Definition der Ehe in der *Metaphysik der Sitten* als „die Verbindung zweier Personen verschiedenen Geschlechts zum lebenswierigen [d. h. lebenslangen] wechselseitigen Besitz ihrer Geschlechtseigenschaften" (VI, 277). Von einer Partnerschaft oder gar Liebesbeziehung ist hier gar nicht die Rede, was dem Umstand geschuldet sein mag, dass es sich um eine Bestimmung im Sinne des Ehe*rechts* handelt. In der Tugendlehre spricht Kant immerhin davon, dass die sexuelle Liebe zwar mit der „moralischen Liebe", verstanden als „Wohlwollen" oder Nächstenliebe, „eigentlich nichts gemein" habe, aber doch mit dieser, „wenn die praktische Vernunft mit ihren einschränkenden Bedingungen hinzu kommt, in enge Verbindung treten kann" (VI, 426). Im Sinne unserer zweiten Deutung führt Kant weiter aus:

Denn der natürliche Gebrauch, den ein Geschlecht von den Geschlechtsorganen des anderen macht, ist ein *Genuß*, zu dem sich ein Teil dem anderen hingiebt. In diesem Akt macht sich ein Mensch selbst zur Sache, welches dem Rechte der Menschheit an seiner eigenen Person widerstreitet. Nur unter der einzigen Bedingung ist dieses möglich, daß,

---

50 Der ethisch begründete Veganismus lehnt es sogar ab, Tiere als Nutztiere und damit als Mittel zum Zweck einzusetzen.

indem die eine Person von der anderen *gleich als Sache* erworben wird, diese gegenseitig wiederum jene erwerbe; denn so gewinnt sie wiederum sich selbst und stellt ihre Persönlichkeit wieder her. (VI, 278. Siehe auch VI, 359)

Auf den Punkt in Gegenwartssprache gebracht sagt Kant hier nichts anderes aus als dieses: Dann und nur dann, wenn Mann und Frau – gleichgeschlechtliche Ehe schließt Kant zu seiner Zeit noch aus – sich im Geschlechtsakt *wechselseitig* zur „Sache", nämlich zum ‚Sexobjekt' werden, bleibt die Persönlichkeit beider als „Zweck an sich selbst" gewahrt. Damit gesteht Kant zu, dass Ehepartner sich auf Zeit – also nicht nur, aber auch – als Mittel zum Zweck des gemeinsamen sinnlichen „Genusses", wie es im Zitat heißt, hingeben dürfen. Dabei lehnt Kant es ab, diesen sozusagen ‚niederen' Zweck seinerseits als Mittel für den ‚höheren' Zweck der Zeugung von Kindern zu legitimieren. Ausdrücklich erklärt er, dass es in der Ehe nicht erforderlich sei, diesen Zweck zu verfolgen (VI, 277), nämlich der Fortpflanzung zu dienen. Dagegen schreibt die Katholische Kirche in ihrem Katechismus bis heute vor, „daß jeder *eheliche Akt* von sich aus auf die Erzeugung *menschlichen Lebens ausgerichtet bleiben muß*".

Mit Blick auf den oben angesprochenen Gedanken der Verantwortung in der Ethik bleibt noch zu bedenken, ob zweckrationales Denken ohne Beschränkung der Zwecke auf die „ganze Schöpfung" ausgedehnt werden darf. Kants oben zitierte Aussage zur Behandlung der Schöpfung als Mittel zum Zweck ähnelt der Bibelstelle, dass der Mensch sich die Erde „untertan" machen solle (1. Buch Mose, Kapitel 1, Vers 28). Beide Zitate könnten dahingehend missverstanden werden, dass sie es erlauben würden, die Erde nach Belieben auszubeuten; aber diese Deutung wäre anachronistisch. Der Randkommentar Luthers in der originalen Lutherbibel spricht jedenfalls lediglich von der Nutzung der Erde durch den Ackerbau,[51] und zu Kants Zeiten war eine Ausbeutung der

---

51 Die gantze Heilige Schrifft Deudsch. Wittenberg 1545. Nachdruck, hg. von Hans Volz. Darmstadt 1972, S. 26.

Natur mit den ökologischen Folgen, die uns gegenwärtig zu schaffen machen, noch gar nicht vorauszusehen. Zu fragen ist allerdings angesichts des zerstörerischen Eingreifens des Menschen in die Natur, ob dieser heute noch als „der Schöpfung Endzweck" gelten kann, „dem die ganze Natur teleologisch untergeordnet ist". (*Kritik der teleologischen Urteilskraft*: V, 435f.)

Kants Pflichtethik wurde als präskriptive, universalistische und kognitivistische formale Regelethik charakterisiert. In Frage gestellt wird der Universalismus gegenwärtig durch den Vorwurf, Kant sei ein Rassist gewesen. Nun ist es grundsätzlich problematisch, Auffassungen des 18. Jahrhunderts aus heutiger Sicht zu beurteilen. Gleichwohl, Mitschriften von Vorlesungen, insbesondere zur Anthropologie, belegen, dass Kant Vorurteile seiner Zeit zunächst geteilt hat, bis hin zur Befürwortung einer Rassenhierarchie mit der Auszeichnung der weißen Rasse.[52] Solche Ansichten stehen in offensichtlichem Widerspruch zum Universalismus seiner Ethik. Kant hat aber spätestens seit 1794 seine frühere Auffassung grundlegend revidiert. So entwickelt er in der Schrift *Zum ewigen Frieden* (1795) den Gedanken eines „Weltbürgerrechts", das als allgemeines Menschenrecht unterschiedslos für alle Menschen gelten soll. In diesem Zusammenhang kritisiert er ganz entschieden den Kolonialismus und die Sklaverei (VIII, 358f.). In der *Metaphysik der Sitten* wird der Kolonialismus als eine Landnahme „mit Gewalt" oder „durch betrügerischen Kauf" beschrieben (VI, 266). Wenn Kant unter anderem auf die Situation der „amerikanischen Nationen" verweist (VI, 353), so hat er damit sehr früh das Unrecht des

---

52 Der Text *Von den verschiedenen Rassen der Menschen* (1775) enthält eine physiologische Erklärung, warum „alle Neger stinken" (II, 438). Problematisch daran ist nicht die Behauptung eines speziellen Körpergeruchs, sondern dessen Beschreibung durch das pejorative Wort „stinken". Im selben Zusammenhang findet sich das Vorurteil, dass „der Neger [...] unter der reichlichen Versorgung seines Mutterlandes faul, weichlich und tändelnd ist". Ansonsten bleibt Kant bei einer neutralen Einteilung der Rassen. Die Beschreibungen unterschiedlicher Menschenrassen in *Bestimmung des Begriffs einer Menschenrasse* (1785: VIII, 89–106) und in der *Physischen Geographie* (IX, 311–320 und 377–436) verraten zwar einen europäisch gefärbten Blick, sind aber nicht rassistisch.

weißen Mannes im Umgang mit den so genannten Indianern benannt.

Einen deutlichen Beleg für Kants Selbstkorrektur liefert die veröffentlichte Fassung seiner *Anthropologie*. Auch wenn Kant hier weiterhin den gegenwärtig problematisierten Begriff der Rasse verwendet, von einer Hierarchie ist nicht mehr die Rede, und eine Rassen*trennung*, die stets mit Rassismus einhergegangen ist, gibt es für ihn nicht. Vielmehr spricht er von einer natürlichen „Zusammenschmelzung verschiedener Rassen" (VII, 320).

14 Moralgesetz und Willensfreiheit

In Kants Moralphilosophie kommt der Anerkennung der Willensfreiheit eine entscheidende Bedeutung zu. Dies gilt nicht für jede Moralphilosophie. Moralische Bewertung und determiniertes Handeln sind durchaus miteinander vereinbar. So könnten wir zu beurteilen beanspruchen, was eine gute Handlung ist, und gleichzeitig zugestehen, dass der eine determiniert ist, diese Handlung auszuführen, und der andere, sie zu unterlassen. Es ist möglich, dass jemand weiß, was gut ist, ohne – durch die eigene Natur gehindert – in der Lage zu sein, es zu tun. Kants Moralphilosophie ist aber mehr als eine Theorie des moralisch bewertenden Urteils. Sie ist, wie wir im vorigen Kapitel gesehen haben, eine Pflichtethik, deren kategorischer Imperativ ein moralisches Sollen impliziert. Um diesem Sollen genügen zu können, ist Willensfreiheit erforderlich. Diese Freiheit besteht für Kant nicht darin, tun zu können, was man will, sondern darin, tun zu können, was man soll. Dabei ist sie insbesondere Freiheit *von* sinnlicher Begierde (Neigung) als Freiheit *zu* moralischem Handeln, jedenfalls im Konfliktfall; denn Kant spricht sich ja nicht grundsätzlich dagegen aus, Neigungen zu folgen, sondern er vertritt lediglich den Vorrang der Pflicht gegenüber der Neigung.

Das Verhältnis von Moralgesetz und Willensfreiheit stellt Kant so dar, dass wir unsere Freiheit durch das Moralgesetz erkennen: „Er urteilt also, daß er etwas kann, darum weil er sich bewußt ist, daß er es soll, und erkennt in sich die Freiheit, die ihm sonst ohne das moralische Gesetz unbekannt geblieben wäre." (V, 30) Andererseits ist aber der Geltung nach (im Unterschied zur Genese der Erkenntnis) Freiheit die notwendige Voraussetzung für das Moralgesetz als Sollensgesetz. Kant trifft hier die Unterscheidung zwischen dem Grund des Seins und dem Grund des Erkennens, die besagt, „daß die Freiheit allerdings die *ratio essendi* des moralischen Gesetzes, das moralische Gesetz aber die *ratio cognoscendi* der Freiheit sei" (V, 4, Anm.). Wenn also das Moralgesetz Geltung (im Sinne von Wirksamkeit) haben soll, so muss es Freiheit geben, oder nach logischer Kontraposition: Wenn es keine Freiheit gibt, so kann das Moralgesetz keine Geltung haben.

Während es in der *Kritik der reinen Vernunft* um die apriorische Geltung des Kausalgesetzes geht, geht es in der *Kritik der praktischen Vernunft* um die apriorische Geltung des moralischen Gesetzes. Zur Verschiedenheit beider Themen sagt Kant:

> Die zwei Aufgaben also: wie reine Vernunft *einerseits* a priori Objekte *erkennen*, und wie sie *andererseits* unmittelbar ein Bestimmungsgrund des Willens, d. i. der Kausalität des vernünftigen Wesens in Ansehung der Wirklichkeit der Objekte, (bloß durch den Gedanken der Allgemeingültigkeit ihrer eigenen Maximen als Gesetzes) sein könne, sind sehr verschieden. (V, 44f.)

Danach ist die reine theoretische Vernunft allein auf sich gestellt der Gegenstandserkenntnis unfähig, weil uns ohne Anschauung kein Gegenstand gegeben werden kann. Die Moralphilosophie, die eine Sache der reinen praktischen Vernunft ist, hat es aber auch nicht mit Erkenntnisurteilen zu tun, sondern mit moralischen Urteilen als Sollensurteilen, denen keine Gegenstandserkenntnis zu Grunde liegt. Moral ist bei Kant unabhängig von Welterkenntnis und auch von einem Glauben an Gott. Gott fundiert nicht die Moral: Gut ist etwas nicht, weil Gott es will, sondern weil etwas gut ist, will Gott es. Wenn die reine Vernunft sich auch nicht anmaßen darf, Gegenstände zu erkennen, so kann sie doch unseren Willen bestimmen. Kant verlagert dabei das ursprüngliche Anliegen der Metaphysik, das in der Bildung der Ideen der Vernunft zum Ausdruck kommt, von der theoretischen in die praktische Philosophie.

Die traditionelle Metaphysik erkennt Gegenstände der Vernunft an und versucht vergeblich, durch theoretische Vernunft die Existenz Gottes und der Seele zu beweisen. Kant stellt fest, dass Erkenntnisurteil und moralisches Urteil darin verschieden sind, dass Letzteres keiner gegenständlichen Fundierung bedarf. Es sagt nichts über einen *Gegenstand* aus, sondern sagt, welche *Handlung* geboten ist. Es ist kein Tatsachenurteil, sondern ein normatives Urteil. Insofern ermöglicht die Kritik an den metaphysischen An-

sprüchen der theoretischen Vernunft allererst die Etablierug c
wahren Metaphysik. Kant zerstört zwar die Metaphysik in ihre
anmaßenden Anspruch, Gegenstände durch reine Vernunft, näm
lich ohne Erfahrung erkennen zu wollen, rettet sie aber ihrer Ide
nach, indem er ihr eigentliches Interesse als ein praktisches umge-
setzt sieht. Daher besteht für Kant ein „Primat der reinen praktischen Vernunft" (V, 119), demzufolge „alles Interesse zuletzt praktisch ist, und selbst das der spekulativen Vernunft nur bedingt und
im praktischen Gebrauche allein vollständig ist" (V, 121). Obwohl
Kant auch eine Metaphysik der Natur als den synthetisch-apriorischen Teil der Naturwissenschaft in Ansätzen ausgearbeitet hat,
ist die Begründung der Metaphysik der Sitten sein Hauptanliegen.

Während die *Kritik der reinen Vernunft* in der Auflösung der
dritten Antinomie lediglich darlegt, dass Freiheit nicht ausgeschlossen ist, argumentiert die *Kritik der praktischen Vernunft*, dass Freiheit praktisch wirklich ist. Das heißt aber nicht, dass die praktische
Philosophie sozusagen den ausstehenden Beweis, den die theoretische Philosophie noch offengelassen hat, nachholt. Die Wirklichkeit der Freiheit ist, kategorial gesehen, etwas ganz anderes als die
Wirklichkeit eines empirischen Gegenstandes, die in der Realisierung in der Anschauung besteht. Die Wirklichkeit der Freiheit ist
deren Wirksamkeit, nämlich die Möglichkeit, die praktische Vernunft – und nicht sinnliche Neigung – unser Handeln bestimmen
zu lassen. Damit erhält die Idee der Freiheit eine hervorgehobene
Stellung im Vergleich mit den anderen Ideen. Der Begriff der Freiheit bildet, wie Kant sich unter metaphorischer Verwendung eines
architektonischen Begriffs ausdrückt, „den *Schlußstein* von dem
ganzen Gebäude eines Systems der reinen, selbst der spekulativen
[d. i. der theoretischen] Vernunft" (V, 3f.). Der Schlussstein ist der
höchste Stein eines gewölbten Gebäudes, der dieses stabilisierend
‚zusammenhält'. Im übertragenen Sinne bedeutet dies, dass das
philosophische System Kants einstürzen würde, wenn es keine
Willensfreiheit gäbe. Aus diesem Grunde ist Kants Verständnis der
Willensfreiheit noch genauer zu betrachten.

Grundsätzlich ist zwischen Handlungsfreiheit und Willensfreiheit
zu unterscheiden. Handlungsfreiheit besteht dann, wenn man in

seinem Handeln weder physischer noch psychischer Gewalt ausgesetzt ist, also ohne Einschränkungen tun kann, was man will. Gleichwohl könnte man in dem, was man will, determiniert sein und somit keinen freien Willen haben. Kant scheint nun Willensfreiheit als eine solche Handlungsfreiheit zu verstehen, bei der die Handlung (im Konfliktfall) nicht durch Neigung, sondern durch Pflicht bestimmt wird, der Bestimmungsgrund also das moralische Gesetz ist. Insofern kann Kant die Wirklichkeit der Freiheit aus der Wirksamkeit der praktischen Vernunft ableiten, also aus Fällen, in denen jemand tatsächlich entgegen seiner sinnlichen Neigung aus Pflicht gehandelt hat. Damit ergänzt die praktische Vernunft den negativen Begriff der Freiheit, den zuzugestehen sich die theoretische Vernunft gezwungen sieht, durch eine „positive Bestimmung, nämlich den Begriff einer den Willen unmittelbar (durch die Bedingung einer allgemeinen gesetzlichen Form seiner Maximen) bestimmenden Vernunft" (V, 48). Im moralischen Handeln erweist sich nach Kant unsere Freiheit als Freiheit, tun zu können, was man soll.

Nun wird man demjenigen, der nicht Herr seiner Neigungen ist, mit Kant die Freiheit absprechen dürfen. Sucht ist eine Form der Unfreiheit. Ist aber umgekehrt derjenige sicher frei, der tun kann, was er soll? Die Frage ist nämlich, ob dieses Können oder auch Nichtkönnen in seiner eigenen Macht steht. Das eigentliche metaphysische Freiheitsproblem stellt sich erst, wenn wir weiterfragen, ob wir darin, dass wir können (oder auch nicht können), was wir sollen, durch unsere Natur (unseren Charakter) determiniert sind. Wir könnten darin determiniert sein, uns von den sinnlichen Determinierungen frei machen zu können. In diesem Falle wären wir sozusagen von Natur aus gut (und im entgegengesetzten Fall von Natur aus nicht gut oder sogar böse). Kant wäre dann zwar zuzugestehen, dass die Bestimmung einer Handlung durch ein *moralisches Argument* etwas kategorial anderes ist als die Bestimmung einer Handlung durch ein *sinnliches Motiv*. Argumente sind Gründe und keine Ursachen in Raum und Zeit. Die Bestimmung einer Handlung durch den kategorischen Imperativ wäre danach nicht auf ein Ereignis in der Welt der Erscheinung reduzierbar. Gleichwohl wäre sie außerdem naturgesetzlich erklärbar. Die Bestimmung der Handlung durch ein moralisches Argument ist für Kant nach Auflösung der Freiheitsantinomie verträglich mit der gleichzeitigen naturwissenschaftlichen (etwa physiologischen) Erklärung dieser Handlung, aufgefasst als körperliches Ereignis in Raum und Zeit. Das heißt, wir können dieselbe Handlung unter verschiedenen Perspektiven betrachten, der moralischen und der naturgesetzlichen (V, 97), so dass diese sich in der einen Perspektive als frei und in der anderen als kausal erklärbar und damit als determiniert beschreiben lässt. Der Mensch ist für Kant sozusagen Bewohner zweier verschiedener Welten oder Reiche: dem Reich der Natur und dem Reich der Freiheit. Wesentlicher Punkt dieser Zwei-Welten-Lehre ist, dass die kausale Beschreibung eine *Beschreibung* ist, eine Darstellungsform also, so dass die kausale Notwendigkeit in und an der Beschreibung und nicht in den Dingen an sich selbst liegt. Gesagt ist damit, dass sich für jede Handlung eine Notwendigkeit in dem Sinne konstruieren lässt, dass für sie als Ereignis eine kausale Erklärung angegeben werden kann, ohne dass diese Erklärung beansprucht, die Handlung als Handlung erfasst zu haben. In der *Kritik der Urteilskraft* heißt es dazu: „Denn so wenig der Naturbegriff auf die Gesetzgebung durch den Freiheitsbegriff Einfluß hat, eben so wenig stört dieser die Gesetzgebung der Natur." (V, 175)

Die Notwendigkeit der „Gesetzgebung der Natur" ist allerdings als kausale Erklärbarkeit eine Notwendigkeit *post factum*. Sie schließt noch nicht die Vorhersagbarkeit einer Handlung ein. In dieser Hinsicht macht Kant in der *Kritik der praktischen Vernunft* jedoch ein so weitreichendes Zugeständnis, dass es schwer wird, einem Menschen danach noch Freiheit zuzugestehen:

> Man kann also einräumen, daß, wenn es für uns möglich wäre, in eines Menschen Denkungsart, so wie sie sich durch innere sowohl als äußere Handlungen zeigt, so tiefe Einsicht zu haben, daß jede, auch die mindeste Triebfeder dazu uns bekannt würde, imgleichen alle auf diese wirkenden äußeren Veranlassungen, man eines Menschen Verhalten auf die Zukunft mit Gewißheit so wie eine Mond- oder Sonnenfinsternis ausrechnen könnte und dennoch dabei behaupten, daß der Mensch frei sei. (V, 99)

Wollte man hier argumentieren, dass Kant ja nicht behaupte, dass man eine „so tiefe Einsicht" tatsächlich haben könne, die Vorhersagbarkeit also *faktisch* unmöglich sei, so hätten wir damit nicht viel gewonnen. Offenbar meint Kant, dass sie *prinzipiell* möglich ist, nur dem Menschen mit seinem begrenzten Wissen nicht. Das einzige, was wir so bekämen, wäre ein epistemischer Indeterminismus, und das ist aus praktisch-philosophischer Sicht zu wenig. Für Kant liegt auch hier noch die Lösung in der Anerkennung der Unterscheidung zwischen Ding an sich und Erscheinung, der zufolge der im Zitat zugestandene Determinismus auf die Welt als Erscheinung beschränkt ist. Dementsprechend betont er denn auch:

> Daher sehe ich nicht ab, wie diejenigen, welche noch immer dabei beharren, Zeit und Raum für zum Dasein der Dinge an sich selbst gehörige Bestimmungen anzusehen, hier die Fatalität der Handlungen vermeiden wollen. (V, 101)

15 Postulate und die Unterscheidung zwischen Ding an sich und Erscheinung

Von den Ideen der Vernunft, nämlich Freiheit, Gott und Unsterblichkeit der Seele, räumt Kant, wie wir gesehen haben, der Ersteren den systematischen Vorrang als Schlussstein seines Systems ein. Die anderen beiden Ideen tragen nicht zur Fundierung dieses Systems bei, sondern gehören in den Bereich der religiösen Hoffnung. Vorbereitet wird dieser Gedanke in der Auflösung der Antinomie der praktischen Vernunft (V, 113–119). Ausgeführt wird er anschließend in der Postulaten-Lehre (V, 122–134). In der Antinomie der praktischen Vernunft geht es um den Widerspruch zwischen Tugend und Glückseligkeit, nämlich um das Problem, dass ein tugendhaftes Verhalten keineswegs dazu führen muss, dass der Tugendhafte auch glücklich wird. Es gibt keinen kausalen Zusammenhang in dieser Welt, der derlei garantieren würde. Die „Übereinstimmung der Glückseligkeit mit der Sittlichkeit" ist vielmehr ein Postulat (V, 125), dessen Realisierung man in der Welt als Erscheinung nicht erwarten kann, sondern lediglich für den Bereich jenseits der Welt als Erscheinung *erhoffen* darf. Notwendige Voraussetzung für die Erfüllung dieser Hoffnung ist die Unsterblichkeit der Seele und die Existenz Gottes, die demzufolge beide als gegeben zu postulieren sind. Somit beruht nicht nur die Auflösung der Freiheitsantinomie der theoretischen Vernunft, sondern auch die Auflösung der Antinomie der praktischen Vernunft auf der Unterscheidung zwischen Ding an sich und Erscheinung.

Kant gibt mit seiner Postulaten-Lehre eine philosophische Deutung des Satzes Jesu im *Johannes-Evangelium* (18, 36): „Mein Reich ist nicht von dieser Welt" – wenn wir nämlich ‚diese Welt' als die Welt als Erscheinung verstehen. Ewiges Leben, Lohn und Strafe, jüngstes Gericht lassen sich als Gegebenheiten nur jenseits der Welt als Erscheinung denken. Sie sind nach Kant „Gedankendinge" oder „Noumena" (von gr. ‚nous' = ‚Vernunft'). Anschauen lassen sie sich bereits der Kritik der reinen theoretischen Vernunft zufolge nicht. Das Paradies darf nicht so ver-

standen werden, als sei es die Welt noch einmal, aber vollkom-
mener.

Vor diesem Hintergrund wird ein Satz in der *Kritik der reinen
Vernunft* verständlich, der zunächst überrascht: „Ich mußte also
das *Wissen* aufheben, um zum *Glauben* Platz zu bekommen." (KrV
B XXX; III, 19) Mit dem Glauben ist hier ein durch die Vernunftkri-
tik geläuterter Glaube gemeint, der aber durchaus in Übereinstimmung mit der christlichen Offenbarungsreligion zu bringen ist. Den
erkenntnistheoretischen Status des Glaubens bestimmt Kant in der
Transzendentalen Methodenlehre der *Kritik der reinen Vernunft*
treffend im Vergleich mit Meinen und Wissen:

> *Meinen* ist ein mit Bewußtsein *sowohl* subjektiv, *als* objektiv unzurei-
> chendes Fürwahrhalten. Ist das letztere nur subjektiv zureichend
> und wird zugleich für objektiv unzureichend gehalten, so heißt es
> *Glauben*. Endlich heißt das sowohl subjektiv als objektiv zureichende
> Fürwahrhalten das *Wissen*. (KrV B 850; III, 533; siehe ausführlich *Logik*:
> IX, 66–73)

Der religiöse Glaube gibt Antworten auf die Frage „Was darf ich
hoffen?", die sich an die anderen beiden Fragen „Was kann ich
wissen?" und „Was soll ich tun?" anschließt (KrV B 833; III, 522f.;
vgl. *Logik*: IX, 25), sie aber nicht überlagern darf. Das metaphysische Bedürfnis des Menschen findet zwar erst in den Ideen von
Gott und der Unsterblichkeit der Seele seine Erfüllung, es muss sich
aber davor hüten, diese Ideen in der theoretischen Philosophie
sichern zu wollen (hier würde nur Scheinwissen entstehen) oder
durch sie praktische Philosophie bestimmen zu wollen (hier würde
die Reinheit der Moral verloren gehen). Die Aufhebung des Wis-
sens, von der Kant spricht, bezieht sich nicht auf das Wissen überhaupt, sondern nur auf das angemaßte Wissen der traditionellen
Metaphysik. Kants Satz bringt also nichts anderes zum Ausdruck
als die Verlagerung des metaphysischen Bedürfnisses aus dem
Bereich der theoretischen Vernunft in denjenigen der praktischen
Vernunft. Wenn Kant die Möglichkeit eines ‚Jenseits' – jenseits der
Welt als Erscheinung – anerkennt, so trifft ihn gleichwohl nicht die

Kritik von Marx, der zufolge die Religion die Menschen durch falsche Vertröstung aufs Jenseits davon abhält, das Diesseits umzugestalten. Für Kant bleibt es des Menschen Pflicht, für gerechte Verhältnisse innerhalb der Welt als Erscheinung zu sorgen.

Den Vergleich zwischen der *Kritik der reinen Vernunft* und der *Kritik der praktischen Vernunft* abschließend ist noch einmal zusammenfassend hervorzuheben, welche große Bedeutung die Unterscheidung zwischen Ding an sich und Erscheinung sowohl für die theoretische als auch für die praktische Philosophie Kants hat. Sie dient dazu,

(1) die Möglichkeit synthetischer Urteile a priori in Mathematik und Physik zu erklären,

(2) den Vorwurf des subjektiven Idealismus abzuwehren,

(3) die Willensfreiheit zu sichern,

(4) dem religiösen Bedürfnis des Menschen Hoffnung zu ermöglichen.

Dabei hinterlässt die Unterscheidung einen zwiespältigen Eindruck. Sie stellt sich einerseits als Stärke mit Blick darauf dar, was sie leistet oder leisten soll. Andererseits könnte man in ihr auch eine mögliche Schwäche sehen, weil mit ihrer Infragestellung das ganze Gebäude der Philosophie Kants ins Wanken geriete. Deshalb ist es in der nachkantischen Diskussion vielfach darum gegangen, ob oder wieweit die wesentlichen Teile dieses Gebäudes auch unabhängig von der Unterscheidung zwischen Ding an sich und Erscheinung Bestand haben. Nicht relevant ist diese Unterscheidung für die Inhalte der *Kritik der Urteilskraft*, der wir uns nun zuwenden.

Die *Kritik der Urteilskraft* besteht aus zwei Teilen: der *Kritik der ästhetischen Urteilskraft* und der *Kritik der teleologischen Urteilskraft*. Ein loser Zusammenhang besteht darin, dass es beide – wenn auch in sehr unterschiedlicher Weise – mit dem Begriff der Zweckmäßigkeit zu tun haben, und zwar die *Kritik der ästhetischen Urteilskraft* mit Blick auf die Gestaltung des Kunstwerks und die *Kritik der teleologischen Urteilskraft* mit Blick auf die Einrichtung der Natur. Ansonsten sind die beiden Kritiken so verschieden, dass man insgesamt auch von vier *Kritiken* Kants sprechen kann. Die *Kritik der ästhetischen Urteilskraft* und die *Kritik der teleologischen Urteilskraft* sind so aufgebaut, wie wir dies aus den anderen beiden *Kritiken* bereits kennen, nämlich eingeteilt in Analytik, Dialektik und Methodenlehre (siehe die Übersichten Nr. 5 und 6). Allerdings wirkt die Anlehnung des jeweiligen Aufbaus an die Gliederung der Logik hier teilweise etwas gekünstelt.

Wie bereits in Kapitel 3 erwähnt worden ist, war die *Kritik der Urteilskraft* mit ihren beiden Teilen ursprünglich gar nicht vorgesehen. Die Gründe sind die folgenden: Erstens hielt Kant ästhetische Urteile zunächst für eine bloß empirische Angelegenheit, die nicht zum Gegenstand philosophischer Untersuchungen gemacht werden könne. Zweitens vertrat Kant zunächst eine Konzeption von Natur im Anschluss an die mechanistische Physik Newtons, die teleologische Gesichtspunkte ausschloss (gr. ‚telos‘ = ‚Ziel‘ oder ‚Zweck‘). Es galt für ihn noch in der Schrift *Metaphysische Anfangsgründe der Naturwissenschaft*, „daß in jeder besonderen Naturlehre nur so viel *eigentliche* Wissenschaft angetroffen werden könne, als darin *Mathematik* anzutreffen ist" (IV, 470).

Kant war insbesondere der Auffassung, dass die Mathematik in der Psychologie nicht anwendbar sei. Aus diesem Grund ist für ihn (IV, 467) die Psychologie oder „Seelenlehre" als Naturlehre der „denkenden Natur" im Unterschied zur Physik oder „Körperlehre" als Naturlehre der „ausgedehnten Natur" keine eigentliche Naturwissenschaft (IV, 471). Dies dürfte der tiefere Grund dafür gewesen

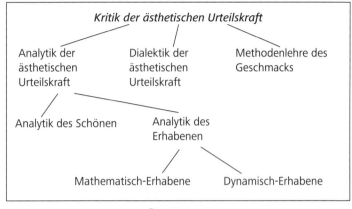

Übersicht Nr. 5

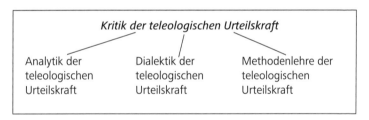

Übersicht Nr. 6

sein, dass Kant keine gesonderte Psychologie verfasst hat, sondern seine psychologischen Beobachtungen ihren Platz in der *Anthropologie* gefunden haben. Inzwischen ist die Mathematik auch in der Psychologie angekommen, und es besteht eher die umgekehrte problematische Tendenz, sie *ausschließlich* als Naturwissenschaft verstehen zu wollen.

Hatte der vorkritische Kant noch offen gelassen, ob eine mechanistische Erklärung auch der „organischen Natur" möglich sei (vgl. *Der einzig mögliche Beweisgrund*: II, 107), so verneint er dies in der *Kritik der teleologischen Urteilskraft* ausdrücklich. Er hatte erkannt, dass die mathematische Physik einer ergänzenden Betrachtung bedürfe; denn es werde keinen Newton geben, „der auch nur die Erzeugung eines Grashalms" nach mechanistischen Naturgesetzen erklären könnte (V, 400). Die *Kritik der teleologischen Urteilskraft* ist Thema von Kapitel 18. In der Reihenfolge steht zunächst die *Kritik der ästhetischen Urteilskraft* auf dem Programm.

17 Ästhetik

Während Kant das Gefühl der Lust und Unlust beim Erkenntnisurteil und beim moralischen Urteil auf eine bloß begleitende Rolle beschränkt, räumt er ihm in der *Kritik der ästhetischen Urteilskraft* für das ästhetische Urteil einen eigenen Stellenwert ein.

17.1 Ästhetisches Urteil

Die Analytik ist in der *Kritik der ästhetischen Urteilskraft* danach unterteilt, worauf sich das Gefühl der Lust erstreckt, nämlich auf das Schöne oder auf das Erhabene. Auf diese Weise werden das Schönheitsurteil und das Erhabenheitsurteil als zwei Arten des ästhetischen Urteils bestimmt. Ersteres nennt Kant „Geschmacksurteil". Diese terminologische Festlegung erfolgt innerhalb der *Kritik der Urteilskraft* (vgl. § 1, Anm.; V, 203). Ansonsten spricht Kant wie unsere Umgangssprache auch allgemeiner von ‚Geschmack'. Mit Geschmack hat es nämlich auch das Essen, die Mode usw. zu tun (vgl. dazu die *Anthropologie*: VII, 239f. und 245f.). Das Gefühl der Lust und Unlust kommt sowohl im ästhetischen Geschmacksurteil als auch im Erhabenheitsurteil zum Einsatz. Kant unterscheidet zwei Arten des Erhabenen, das Mathematisch-Erhabene und das Dynamisch-Erhabene. Die Bezeichnungen leiten sich daraus ab, dass das Mathematisch-Erhabene wegen seiner *Größe* und das Dynamisch-Erhabene wegen seiner *Bewegung* erhaben ist. Als Beispiele führt Kant „ungestalte Gebirgsmassen" und „die düstere tobende See" an. Erhaben sind für ihn allerdings genau genommen nicht die Gegenstände selbst, sondern die Gefühle, die sie wecken (V, 256).

In der Begegnung mit dem Erhabenen wird anders als beim Anblick des Schönen „das Gemüt von dem Gegenstande nicht bloß angezogen, sondern wechselweise auch immer wieder abgestoßen", so dass das Wohlgefallen am Erhabenen mit einem Achtung gebietenden Schaudern einhergeht und somit auf eine „negative

Lust" hinausläuft (V, 245). Das Erhabene ruft insofern zwiespältige Gefühle wach. Die Beispiele lassen dies erwarten. Derjenige, der in schwindelnder Höhe in einer steilen Bergwand hängt (und nicht Reinhold Messner heißt) oder in einem Boot zum Spielball der Wellen geworden ist, wird ganz andere Gefühle haben als das Gefühl der Lust. Dies gilt abgeschwächt auch dann noch, wenn man sich selbst in solche Situationen imaginativ versetzt. Das Gefühl der Erhabenheit ist daher zunächst ein „Gefühl der Unlust" (V, 257). Positive Lust entsteht hier erst mit dem Bewusstsein, dass man sich in sicherem Abstand zu möglichen Gefahren befindet.

Lohnend ist an dieser Stelle ein Vergleich mit Kants vorkritischer Schrift *Beobachtungen über das Gefühl des Schönen und Erhabenen*. Hier werden mit dem „Anblick eines Gebirges, dessen beschneite Gipfel sich über Wolken erheben" und der „Beschreibung eines rasenden Sturms" ähnliche Beispiele genannt, von denen es – den latenten Zwiespalt benennend – heißt: Sie „erregen Wohlgefallen, aber mit Grausen" (II, 208). Einen anderen Ton schlägt Kant im Anschluss an die Unterscheidung an, dass die Nacht *erhaben* und der Tag *schön* sei. In geradezu poetischer Sprache beschreibt er eine nächtliche erhabene Stimmung mit den Worten:

> Gemütsarten, die ein Gefühl für das Erhabene besitzen, werden durch die ruhige Stille eines Sommerabendes, wenn das zitternde Licht der Sterne durch die braune Schatten der Nacht hindurch bricht und der einsame Mond im Gesichtskreise steht, allmählich in hohe Empfindungen gezogen, von Freundschaft, von Verachtung der Welt, von Ewigkeit. (II, 209)

Dementsprechend heißt es, dass das Schöne in uns heitere, das Erhabene dagegen ernste Stimmung wachrufe (ebd.). In der Nennung der Ewigkeit deutet sich an, was Kant dann in der *Kritik der Urteilskraft* ausführt, dass es eine Beziehung des sinnlich-anschaulichen Erhabenen zu den unanschaulich-übersinnlichen Ideen der Vernunft gibt: „Die Stimmung des Gemüts zum Gefühl des Erhabenen erfordert eine Empfänglichkeit desselben für Ideen." (V, 265).

Das Gefühl des Erhabenen stellt sich nicht nur in der Anschauung von Naturgegenständen wie steilen Bergen, stürmischer See und Sternenhimmel ein, es erstreckt sich auch auf begriffliche moralische Vergewisserungen. Erinnert sei an Kants Anrufung der Pflicht mit den Worten *„Pflicht*! du erhabener großer Name". Eine Verbindung beider Objektbereiche erhabener Gefühle bringt der *Beschluß* der *Kritik der praktischen Vernunft* zum Ausdruck, wobei dem Anblick des Sternenhimmels eine besondere Bedeutung zugewiesen wird:

> Zwei Dinge erfüllen das Gemüt mit immer neuer und zunehmender Bewunderung und Ehrfurcht, je öfter und anhaltender sich das Nachdenken damit beschäftigt: *der bestirnte Himmel über mir und das moralische Gesetz in mir*. (V, 161)

Die Affinität zwischen dem Gefühl der Erhabenheit angesichts der Natur und moralischer Gestimmtheit bestätigt Kant in der *Kritik der Urteilskraft*, wenn er betont, dass sich ein Gefühl für das Erhabene der Natur nicht denken lasse, „ohne eine Stimmung des Gemüts, die der zum moralischen ähnlich ist, damit zu verbinden" (V, 268).

Die *Kritik der praktischen Vernunft* führt zu den Beispielen im obigen Zitat aus, dass der Anblick des bestirnten Himmels in seiner unermesslich großen Weite mir bewusst macht, wie klein und nichtig ich selbst im Vergleich dazu bin. Dieses Bewusstsein ist mit dem Gefühl negativer Lust verbunden. Das Bewusstsein des moralischen Gesetzes verleiht mir dagegen einen unendlichen Wert, der mich über die Faktizität der „ganzen Sinnenwelt" erhebt (V, 162) und, so darf man diese Aussage wohl verstehen, meinem Dasein allererst einen Sinn gibt.

Bei diesem Ergebnis dürfe man es aber nicht belassen. Vielmehr bestehe die Aufgabe, Nachforschungen anzustellen, die der Erhabenheit des jeweiligen Gegenstandes angemessen sind (V, 162). Als verfehlten Weg benennt Kant im Fall des bestirnten Himmels die „Sterndeutung", also die Astrologie, und im Fall des moralischen Gesetzes „Schwärmerei" und „Aberglaube", also religiöse Esoterik, die er bereits in der vorkritischen Schrift *Träume eines*

Geistersehers kritisiert hat. Die Konsequenz ist: „Wissenschaft (kritisch gesucht und methodisch eingeleitet) ist die enge Pforte, die zur *Weisheitslehre* führt." (V,163) Zu fragen ist hier allerdings, ob es nicht auch andere als wissenschaftliche Erkenntnis gibt, zum Beispiel ästhetische Erkenntnis, die ebenfalls eine angemessene Auffassung der Welt und des Lebens ermöglicht. Diese Frage wird im folgenden Kapitel 17.2 behandelt.

Was für das Erhabenheitsurteil gilt, nämlich dass die Erhabenheit nicht den Gegenständen selbst zukommt, wird von Kant entsprechend auch für das Schönheitsurteil vertreten: Der Bezug auf das Gefühl der Lust und Unlust bedeutet, dass das ästhetische Geschmacksurteil kein Erkenntnisurteil ist. Das Prädikat ‚schön' sagt keine objektive Gegenstandseigenschaft aus, sondern bezieht den Urteilenden wesentlich ein: Etwas ist schön *für jemanden*. Es wird zum Ausdruck gebracht, dass ein Gegenstand in einem Betrachter eine positive subjektive Empfindung hervorruft. Wegen dieser Subjektivität ist das ästhetische Urteil für Kant nicht begründbar. Schon der Versuch einer Argumentation nach vorgeblichen Regeln der Kunstkritik stößt bei ihm auf harsche Ablehnung: „ich stopfe mir die Ohren zu, mag keine Gründe und kein Vernüfteln hören [...]." (V, 284) So müsse die mit einem positiven Geschmacksurteil verbundene Lust „unmittelbar" empfunden werden, „sie kann mir durch keine Beweisgründe angeschwatzt werden" (V, 285). Man wird Kant soweit zustimmen können, dass sich eine ästhetische Beurteilung nicht beweisen lässt. Die Frage bleibt freilich, ob man nicht wenigstens für sie argumentieren kann.

Da es für Kant keine Regeln zur Beurteilung von Kunst gibt, kann es für ihn keine eigentliche Methodenlehre des Geschmacks geben. Sie besteht denn auch nur aus einem kurzen Anhang zur Dialektik (§ 60; V, 354–356). Dieser besagt, dass an die Stelle von Regeln Musterbeispiele treten, anhand derer die ästhetische Urteilskraft zu schulen sei, um so eine Kultivierung des Geschmacks zu erreichen und Kenner auszubilden. Diese sollten dann auch, so kann man Kant entgegenhalten, in der Lage sein, Gründe für ihr Urteil anzugeben und es nicht bei einer bloßen Bekundung zu belassen.

Das Fehlen einer eigenen Methodenlehre des Geschmacks liefert einen Beleg dafür, dass die Anpassung des Aufbaus der *Kritik der ästhetischen Urteilskraft* an die Gliederung der *Logik* nicht ganz aufgeht. Besonders deutlich wird dies in der Analytik des Schönen. Obwohl das Geschmacksurteil für Kant kein Erkenntnisurteil ist, wird es den vier Titeln der Urteilstafel zugeordnet, die ursprünglich für Erkenntnisurteile aufgestellt wurden. Danach ist das Wohlgefallen am Schönen der Quantität nach *subjektiv allgemeingültig*, der Qualität nach *ohne Interesse*, der Relation nach *subjektiv zweckmäßig* und der Modalität nach *subjektiv notwendig*. Dieselbe Zuordnung nimmt Kant auch für das Wohlgefallen am Erhabenen vor (V, 247). Man sieht leicht, dass es sich bei diesen Bestimmungen zwar um Charakterisierungen des Wohlgefallens am Schönen und Erhabenen, aber nicht um passende Zuordnungen zu Urteilsformen der Urteilstafel handelt. Zum Beispiel ist in der Bestimmung der Quantität die Allgemeingültigkeit des Wohlgefallens im Sinne eines Wohlgefallens für „jedermann" gemeint (V, 211), und das heißt keineswegs, dass das ästhetische Urteil ein allgemeines Urteil im Sinne der Quantität der Urteilstafel ist. Kant sagt selbst, dass hinsichtlich der *logischen* Quantität alle Geschmacksurteile *„einzelne* Urteile" sind (V, 215); denn es sind einzelne Objekte, die in uns das Gefühl des Wohlgefallens hervorrufen und denen wir deshalb das Prädikat ‚schön' zusprechen.

Abgesehen von der künstlichen Anpassung an die Tafel der logischen Urteilsformen bleibt die Relevanz von Kants Charakterisierungen der beiden ästhetischen Gefallensurteile bestehen. Im Folgenden beschränken wir uns auf Überlegungen zum positiven Geschmacksurteil. Das Wohlgefallen *„ohne alles Interesse"* (V, 211) besagt hier, dass das Gefühl der Lust unabhängig davon ist, ob der Gegenstand des Gefallens in unserem Besitz ist. Kant sagt sogar, dass das Geschmacksurteil „indifferent in Ansehung des Daseins eines Gegenstandes" sei und es nur auf dessen „Beschaffenheit" ankomme (V, 209). Dies würde bedeuten, dass man auch bloß vorgestellte Gegenstände, also ein Sosein ohne Dasein, schön finden könnte. Ohne die Existenz eines als schön empfundenen Gegenstandes existiert aber keine Beschaffenheit, die es erlaubt, das Gefühl der Lust mit anderen Subjekten zu teilen. Daher sollte Kant es dabei belassen, dass man über ein Kunstwerk nicht zu verfügen braucht, um Wohlgefallen an ihm zu finden. Der beste Ort für Kunstwerke ist denn auch nicht der Privatbesitz, sondern das öffentlich zugängliche Museum.

Wegen des fehlenden Interesses am Besitz ist das Geschmacksurteil für Kant „bloß *kontemplativ*" (V, 209). Daher unterscheidet sich das Schöne sowohl vom Angenehmen, an dem wir ein sinnliches Interesse haben, als auch vom moralisch Guten, an dem wir ein vernünftiges Interesse haben. Das Angenehme, zum Beispiel schmackhaftes Essen, gefällt uns im Genuss, das Gute gefällt uns aus Vernunftgründen, und das Schöne gefällt uns, weil es dank seiner „Zweckmäßigkeit ohne Zweck" (V, 226) in uns den „Zustand eines *freien Spiels* der Erkenntnisvermögen" (nämlich der Einbildungskraft[53] und des Verstandes) erzeugt und die Lust an deren „Harmonie" wachruft (V, 217f.). Das Gefühl der Lust fundiert demnach nicht die positive ästhetische Bewertung eines Gegenstandes, sondern ist deren Folge. Um die vergegenständlichende Rede über ‚das Schöne' nicht falsch zu verstehen, formuliert man besser umgekehrt: Was in uns die Lust an der Harmonie der Erkenntnisvermögen in deren freiem Spiel erzeugt, dem sprechen wir das Prädikat ‚schön' zu. Diese Lust kann auf zweierlei Arten erzeugt werden. Kant unterscheidet zwischen freier und anhängender Schönheit. Freie Schönheit ist eine Schönheit „der bloßen Form nach". Beispiele sind unter anderem ornamentale Zeichnungen und Tapetenmuster. Anhängende Schönheit ist dagegen eine Schönheit von Objekten in Abhängigkeit von deren Zweck, zum Beispiel, ob es

---

53 Gemeint ist die produktive im Unterschied zur reproduktiven Einbildungskraft. Die reproduktive Einbildungskraft ruft lediglich die anschaulichen Vorstellungen wieder auf, die durch die Wahrnehmung zuvor gewonnen wurden. Die produktive Einbildungskraft kombiniert diese Vorstellungen in schöpferischer Weise und entspricht insofern der Phantasie. Sie ist insbesondere bei der Produktion und Rezeption ästhetischer Ideen tätig. Siehe dazu *Kritik der Urteilskraft*, § 49 und das folgende Kapitel 17.2.

sich um eine Kirche, einen Palast oder ein Gartenhaus handelt (V, 229f.).

Obwohl das Geschmacksurteil subjektiv ist, indem es wesentlich auf das urteilende Subjekt bezogen bleibt, ist es nach Kant doch nicht auf ein bloßes „Privatgefühl" gegründet (V, 239). Vielmehr sinnt es eine allgemeine Zustimmung an. (Damit ist die oben er- läuterte Allgemeingültigkeit angesprochen.) Dieses Ansinnen nimmt für sich in Anspruch, dass es ein gemeinschaftliches Gefühl, einen „Gemeinsinn" (lat. sensus communis) gibt (V, 237–239). Damit vollzieht Kant eine Umdeutung: Der Gemeinsinn ist nicht mehr der so genannte gesunde Menschen*verstand* (engl. common sense), sondern ein mitteilbares kommunikatives *Gefühl*. Kants Anliegen ist, dass das Schöne die Menschen nicht privatistisch trennt, sondern auf einer anderen Ebene als derjenigen der Er- kenntnis oder der Moral, nämlich auf der Ebene der Geschmacks- bildung, in Richtung auf eine kommunikative Humanität eint. Dem- entsprechend wird das Schöne für den Menschen zu einem „Symbol des Sittlich-Guten" (V, 353). An diesen Gedanken hat Schiller mit seinen Ausführungen zur „ästhetischen Erziehung des Menschen" angeknüpft. Empfänglichkeit für das Schöne zeichnet schon für Kant den Menschen aus. Mit reinen Vernunftwesen, wenn es sie denn gibt, würden wir die Moral teilen, der Sinn für Schönheit würde ihnen aber fehlen.

17.2 Ästhetische Erkenntnis

Wo bleibt bei alledem die Wahrheit der Kunst oder, vorsichtiger formuliert, der Erkenntniswert von Kunst? Selbst wenn das ästhe- tische Urteil über Kunst keine Erkenntnis liefern sollte, deutet sich bei Kant immerhin an, dass eine Erkenntnis *durch* Kunst möglich ist, nämlich vermittelt durch ästhetische Ideen in Verbindung mit einer Tätigkeit der reflektierenden Urteilskraft. Die Unterscheidung zwischen subsumierender Urteilskraft, die Kant „bestimmende" nennt, und reflektierender Urteilskraft wird ganz allgemein, ohne Beschränkung auf die Ästhetik, in der *Logik* so bestimmt, dass die bestimmende Urteilskraft „vom Allgemeinen zum Besondern" und die reflektierende umgekehrt „vom Besondern zum Allgemeinen" geht (*Logik*: IX, 131). Ästhetische Relevanz gewinnt die reflektierende Urteilskraft in ihrem Umgang mit ästhetischen Ideen.

Die ästhetisch reflektierende Urteilskraft fällt bei Kant mit ‚Geist' im Sinne von französisch ‚esprit' zusammen (*Anthropologie*: VII, 225), und der produktive Geist „als das Vermögen der Darstellung ästhetischer Ideen" (*Kritik der Urteilskraft*: V, 313f.) macht für ihn das Genie aus. Damit bringt Kant die Kunstauffassung der Genieästhetik auf den Begriff. Die ästhetische Idee bestimmt er als „diejenige Vorstellung der Einbildungskraft, die viel zu denken veranlaßt, ohne daß ihr doch irgend ein bestimmter Gedanke, d. i. *Begriff*, adäquat sein kann, die folglich keine Sprache völlig erreicht und verständlich machen kann" (V, 314). Ergänzend heißt es:

> Mit einem Worte, die ästhetische Idee ist eine einem gegebenen Begriffe beigesellte Vorstellung der Einbildungskraft, welche mit einer solchen Mannigfaltigkeit der Teilvorstellungen in dem freien Gebrauche derselben verbunden ist, daß für sie kein Ausdruck, der einen bestimmten Begriff bezeichnet, gefunden werden kann, die also zu einem Begriffe viel Unnennbares hinzudenken läßt, dessen Gefühl die Erkenntnisvermögen belebt und mit der Sprache, als bloßem Buchstaben, Geist verbindet. (V, 316)

Zu den Ausführungen zur ästhetischen Idee passt, dass für Kant die Dichtkunst die höchste Form der Kunst ist; denn deren Semantik zeichnet sich durch eine inhaltliche „Gedankenfülle" aus, „der kein Sprachausdruck völlig adäquat ist" (V, 326). Kant nimmt hier vorweg, was neuere Theorien als „Offenheit" oder „Unbestimmtheit" der Dichtung beschrieben haben.

Kant betont, dass die Rezeption von Kunstwerken nicht willkürlichen Assoziationen folgen darf. Soweit die ästhetische Idee „die Aussicht in ein unabsehliches Feld verwandter Vorstellungen eröffnet" (V, 315), ist damit zwar eine unerschöpfliche Quelle an Vorstellungen angesprochen, gleichzeitig wird aber auch gesagt, dass dieser Reichtum eine sachliche Grundlage in der Verwandtschaft der Vorstellungen untereinander haben muss. Solche Einschränkungen gelten nicht nur für den rezeptiven Kunstbetrachter, sondern auch für den produktiven Kunstschaffenden, nämlich für den genialen Künstler, der die ästhetischen Ideen zur Darstellung bringt. Das Genie folgt zwar keinen vorgegebenen Regeln, darf sich aber seiner Einbildungskraft – gemeint ist die *produktive* Einbildungskraft – auch nicht bedenkenlos ausliefern. Diese ist zwar frei, aber nicht zügellos. Sie ist durch den Verstand zu kontrollieren, und die Abstimmung von Einbildungskraft und Verstand aufeinander leistet die Urteilskraft selbst: „Denn aller Reichtum der ersteren [der Einbildungskraft] bringt in ihrer gesetzlosen Freiheit nichts als Unsinn hervor; die Urteilskraft ist hingegen das Vermögen, sie dem Verstande anzupassen." (V, 319) Die Urteilskraft bewahrt somit die Einbildungskraft vor überbordender Ideenflucht. Angedeutet ist hier die gefährliche Nähe zwischen Genie und Irrsinn.

Die Ausführungen zum Begriff der ästhetischen Idee belegen, dass sich bei Kant Ansätze zu einer Theorie der ästhetischen Erkenntnis finden. Kant selbst stimmt dem freilich nicht zu: „Eine ästhetische Idee kann keine Erkenntnis werden, weil sie eine *Anschauung* (der Einbildungskraft) ist, der niemals ein Begriff adäquat gefunden werden kann." (V, 342) Hier geht Kant von einem sehr engen Erkenntnisbegriff aus, was darauf zurückzuführen ist, dass er – wie dies bereits angesprochen wurde – Erkenntnis an propositionale Wahrheit und damit an die Form des Erkenntnisurteils bindet. Die Tatsache, dass eine ästhetische Idee nicht abschließend auf den Begriff zu bringen ist, schließt ja nicht aus (auch nach Kant nicht), sie versuchsweise zu ‚verbegrifflichen'. Jedenfalls spricht die begriffliche *Unausschöpfbarkeit* der ästhetischen Idee nicht gegen deren Erkenntniswert.

In einem erkenntnistheoretischen Vergleich der ästhetischen Ideen mit den Vernunftideen verneint Kant auch für die Vernunftideen die Möglichkeit der Erkenntnisvermittlung, allerdings aus entgegengesetztem Grund: Während einer ästhetischen Idee zur Anschauung der adäquate Begriff fehle, gelte für eine Vernunftidee gerade umgekehrt, dass zum Begriff keine adäquate Anschauung beigebracht werden könne (V, 342; siehe auch V, 314). Wie wir aber bereits in Kapitel 10 gesehen haben, weist Kant in der *Kritik der reinen Vernunft* den Vernunftideen immerhin eine heuristische, die Erkenntnis regulativ leitende Funktion zu. Erinnert sei insbesondere an die kühne Auffassung, dass der Idee Gottes als Ideal der reinen Vernunft die Funktion zukomme, die reflektierende Urteilskraft dahingehend zu aktivieren, die *besonderen* Einzelergebnisse der Wissenschaften versuchsweise zu einer *allgemeinen* einheitlichen Theorie zu verbinden. Wenn man Kant nicht darin folgt, Erkenntnis ausschließlich an die Form des Urteils zu binden, kann man mit Kant gegen Kant nicht nur ästhetischen Ideen, sondern auch Vernunftideen einen Erkenntniswert zusprechen.

Ein vergleichender Blick in die Begriffsgeschichte verdeutlicht den Erkenntniswert ästhetischer Ideen. Dieser Blick richtet sich auf Baumgarten. Abgesehen davon, dass Kants Genieästhetik im Gegensatz zu Baumgartens Regelästhetik steht, haben beide Ästhetiken einen erkenntnistheoretischen Hintergrund. Dieser ist bei Baumgarten offensichtlich, aber auch bei Kant erkennbar. Es hat nämlich Kants Begriff der ästhetischen Idee seinen Ursprung in Baumgartens Begriff der *perceptio praegnans*. Um diesen zu erläutern, ist auf den Begriff der verworrenen Erkenntnis zurückzukommen (siehe Kapitel 6).

Das hierarchische Verhältnis zwischen der Deutlichkeit von Begriffen und der Verworrenheit sinnlicher Wahrnehmung, wie es von Leibniz vertreten wurde, hat Baumgarten mit seiner Ästhetik, die er als Wissenschaft der sinnlichen Erkenntnis („scientia cognitionis sensitivae") bestimmt,[54] in ein komplementäres Ergänzungsverhältnis überführt. Er widerspricht der Auffassung, dass Verworrenheit „die Mutter des Irrtums" sei. Vielmehr sei sie eine notwendige Bedingung für die Entdeckung der Wahrheit. Da die Natur keinen Sprung aus der Dunkelheit in die Deutlichkeit mache, bedürfe es der Verworrenheit als Zwischenstufe: „Aus der Nacht führt der Weg nur über die Morgenröte zum Mittag" („Ex nocte per auroram

---

54 Alexander Gottlieb Baumgarten: Aesthetica. Frankfurt/Oder 1750/1758 (2 Bde.). Nachdruck Hildesheim 1961, § 1.

meridies")[55] Dabei habe die sinnliche Erkenntnis als klare und verworrene Erkenntnis („cognitio clara et confusa") ihre eigene Vollkommenheit. Als Vollkommenheit der sinnlichen Erkenntnis definiert Baumgarten die Schönheit: „perfectio cognitionis sensitivae […] est pulchritudo."[56] Schönheit bemisst sich dabei nicht nach dem Grad *intensiver* Klarheit, nämlich nicht gemäß größerer oder geringerer Deutlichkeit, sondern nach dem Grad *extensiver* Klarheit, nämlich gemäß größerer oder geringerer ‚Fülle' an Bestimmungen im Sinne einer anschaulich beschreibenden Vergegenwärtigung.[57] In dieser Funktion ist die Verworrenheit nicht als logischer Mangel zu beklagen, sondern als ästhetischer Reichtum zu begrüßen. Dieses positive Verständnis verworrener Vorstellungen ist es, das in Baumgartens Bestimmung der *perceptio praegnans* eingeht. Gemeint ist damit eine vielsagende oder „sinnreiche" (so die treffende Übersetzung in der Folgezeit), sozusagen ‚bedeutungsschwangere' Vorstellung.[58]

Trotz der vollkommen verschiedenen Konzeptionen von Schönheit besteht eine große Ähnlichkeit zwischen Kants Begriff der ästhetischen Idee und Baumgartens Begriff der *perceptio praegnans*. In beiden Fällen haben wir es mit einer begrifflich nicht ausschöpfbaren Vorstellung zu tun. Deren Erkenntnisleistung besteht produktionsästhetisch in der *Verdichtung* und rezeptionsästhetisch in der *Freisetzung* von ‚Nebenvorstellungen' auf analogischer Grundlage – im Gegensatz zur logischen Distinktion deutlicher Merkmale. Durch Ausnutzung der konnotativen Kraft ästhetischer Ideen beziehungsweise prägnanter Vorstellungen, werden überraschende Beziehungen und Zusammenhänge offenbar, die uns neue Sichtweisen eröffnen. Darunter sind allerdings auch solche, die nicht das Gefühl der Lust freisetzen.

---

55 Ebd., § 7.
56 Ebd., § 14.
57 Vgl. Baumgarten: Philosophische Betrachtungen über einige Bedingungen des Gedichtes, lat.-dt., hg. von Heinz Paetzold. Hamburg 1983, §§ XV–XVIII.
58 Vgl. Baumgarten: Metaphysica. 7. Auflage Halle 1779. Nachdruck Hildesheim 1963, § 517.

Als Konsequenz ergibt sich, dass wir uns ein Stück weit von der Auffassung entfernen müssen, die positive Bewertung von Kunstwerken auf das Prädikat ‚schön' zu beschränken. Kunstwerke können sich als sehr gelungen erweisen, ohne deshalb schön zu sein. Für Kant können selbst „Verwüstungen des Krieges […] als Schädlichkeiten sehr schön beschrieben, ja sogar im Gemälde vorgestellt werden" (V, 312). Auch solche Darstellungen können das freie Spiel der Erkenntniskräfte beim Betrachter freisetzen. Sie dürften dadurch aber kaum das Gefühl der Lust hervorrufen, sondern vielmehr das Gefühl der Unlust im Sinne der Betroffenheit und Erschütterung. Der Erkenntniswert der Kunst ist daher neutraler durch das Prädikat ‚gelungen' zu beurteilen.

Thema der *Kritik der teleologischen Urteilskraft* ist das teleologische Denken. Es ist für Kant nicht nur erforderlich, um der organischen Natur gerecht zu werden und damit – nach heutigem Verständnis – die Biologie als Wissenschaft zu etablieren. Darüber hinaus benötige die Naturwissenschaft überhaupt zur Orientierung einen heuristischen „Leitfaden" (V, 185). Diesen liefert der Gedanke der Zweckmäßigkeit als regulatives Prinzip der Naturforschung.

Der bereits in der *Kritik der reinen Vernunft* angesprochene Gedanke, dass den metaphysischen Ideen für die Erkenntnisgewinnung immerhin eine regulative, wenn auch keine konstitutive Funktion zukommt, erfährt nun eine Ergänzung. Die Überschrift von § 80 der *Kritik der Urteilskraft* lautet sogar: *Von der notwendigen Unterordnung des Prinzips des Mechanismus unter dem teleologischen in Erklärung eines Dinges als Naturzwecks"* (V, 417). Eine regulative Orientierung bietet uns die von Kant so genannte „teleologisch reflektierende Urteilskraft". Um Zusammenhänge ausfindig zu machen, arbeitet diese im heuristischen Sinne versuchsweise mit der Unterstellung einer zweckmäßigen Anordnung der Natur, ohne aber zu versuchen, eine solche Anordnung empirisch zu beweisen, was Kant für unmöglich erklärt.

Über die Ergebnisse der *Kritik der reinen Vernunft* geht Kant auch dadurch hinaus, dass er die Orientierungsfunktion teleologischer Reflexion nicht wissenschaftsimmanent, also methodologisch regulativ beschränkt sein lässt, sondern auch zu Überlegungen über eine höchste Zweckmäßigkeit im Sinne eines „Endzwecks" der Welt überleitet. Der Gedanke der Zweckmäßigkeit der Natur wird nun aber nicht etwa zur Grundlage für einen erneuerten Gottesbeweis, der aus dieser Zweckmäßigkeit auf einen Gott als deren Urheber schließt. Diesen physikotheologischen Gottesbeweis hatte Kant trotz einer Respektbezeugung (neben dem ontologischen und dem kosmologischen Gottesbeweis) bereits in der *Kritik der reinen Vernunft* verworfen (KrV B 648–658; III, 413–419), und daran ändert sich auch nichts: „Die physische Teleologie treibt uns zwar an, eine Theologie zu suchen; aber kann keine hervorbringen, so weit wir auch der Natur durch Erfahrung nachspüren [...]." (V, 440)

Immerhin gesteht Kant physikotheologischen Überlegungen einen propädeutischen Wert für die Theologie zu (V, 442), hält jedoch übereinstimmend mit den Ergebnissen der *Kritik der praktischen Vernunft* daran fest, dass es keinen naturalistischen Begriff von einem Endzweck geben könne, sondern ein solcher nur in der Moral zu finden sei, in der Annahme eines Gottes als „moralischer Weltursache" (V, 450). In diesem Sinne unterstreicht der Abschluss der *Kritik der Urteilskraft* (V, § 91) in einer Neuaufnahme der Themen Gott, Freiheit und Unsterblichkeit noch einmal Kants Ziel, das Anliegen der dogmatischen Metaphysik in einen praktischen Glauben umzuwandeln. Im Zentrum auch des teleologischen Beitrags zu dieser Frage steht wiederum der Freiheitsbegriff, ohne den nach Kant ein moralischer Endzweck nicht möglich wäre (V, 474).

Man gewinnt den Eindruck, dass Kant der Naturteleologie auch deshalb einen angemessenen Platz einräumt, um dadurch gleichzeitig eine Hintertür für die spekulative Metaphysik, die ihre Argumente nun statt aus der Physik aus der Biologie holen könnte, umso sicherer zu verschließen. Kant möchte noch einmal sicherstellen, dass das metaphysische Bedürfnis mit seinen Fragen nach Gott und Unsterblichkeit nicht im Wissen sondern einzig im Hoffen seine Erfüllung finden kann.

19 Aufklärung und Gegenaufklärung

Unter den späten kleineren Schriften verdient die kurze *Beantwortung der Frage: Was ist Aufklärung?* (1784) besondere Beachtung. Eingeleitet wird sie durch die folgende klassisch gewordene Begriffsbestimmung:

> *Aufklärung ist der Ausgang des Menschen aus seiner selbst verschuldeten Unmündigkeit. Unmündigkeit* ist das Unvermögen, sich seines Verstandes ohne Leitung eines anderen zu bedienen. *Selbstverschuldet* ist diese Unmündigkeit, wenn die Ursache derselben nicht am Mangel des Verstandes, sondern der Entschließung und des Mutes liegt, sich seiner ohne Leitung eines andern zu bedienen. Sapere aude! Habe Mut dich deines *eigenen* Verstandes zu bedienen! ist also der Wahlspruch der Aufklärung. (VIII, 35)

Nach Vollendung seiner kritischen Hauptarbeit sollte Kant an seiner eigenen Person erfahren, dass der Gedanke der Aufklärung noch nicht die allgemeine Anerkennung gefunden hatte, die sein Autor fast schon unterstellte, jedenfalls im Preußen zur Zeit Friedrichs des Großen. Kant wusste dies wohl zu würdigen und brachte es auch in seinem Aufsatz zum Ausdruck. 1786 starb Friedrich der Große, dessen liberaler und reformfreudiger Justizminister Karl Abraham von Zedlitz Kant und dessen Ideen nach Kräften gefördert hatte. Kant dankte von Zedlitz dafür, indem er ihm die *Kritik der reinen Vernunft* widmete. Nachfolger auf dem preußischen Thron wurde Friedrich Wilhelm II., der die Reaktion in Preußen einleitete. In seiner Zuständigkeit für die Geistlichkeit wurde von Zedlitz 1788 durch den orthodoxen Theologen Johann Christoph von Wöllner abgelöst. Zu dessen Person hatte der alte Fritz noch angemerkt, dass er ein betrügerischer und intriganter Pfaffe sei.[59] Ob damit eine gerechte Beurteilung erfolgt ist, mag dahingestellt bleiben.

---

59 Vgl. Vorländer: Immanuel Kants Leben, S. 157.

Politisch war diese Wende jedenfalls verhängnisvoll. Wöllner erließ unverzüglich ein *Religionsedikt*, das der „Zügellosigkeit der jetzigen sogen. Aufklärer" Einhalt gebieten sollte[60] und Toleranz und Gewissensfreiheit dabei so verstanden wissen wollte, dass man eine abweichende Meinung zwar haben dürfe, diese aber für sich behalten müsse, so dass die Gedankenfreiheit wörtlich verstanden wurde, nämlich als Freiheit der Gedanken, sofern diese tatsächlich bloß Gedanken blieben. Eine Zensur wurde eingerichtet, um die Verbreitung von Schriften zu verbieten, die sich gegen „die allgemeinen Grundsätze der Religion, den Staat und die bürgerliche Ordnung" richten.[61] Diese Formulierung macht deutlich, dass es hier nicht nur um Religion, sondern auch um Politik ging. Kirchliche Orthodoxie und politische Reaktion bildeten eine unheilige Allianz und formierten sich auf allen Ebenen zur Gegenaufklärung. Auch innerhalb der Philosophie machten Vertreter der Glaubens- und Gefühlsphilosophie wie Johann Georg Hamann und Friedrich Heinrich Jacobi gegen die Instanz der Vernunft Front. Kant ahnte schon früh nichts Gutes und appellierte in seinem Aufsatz *Was heißt: Sich im Denken orientieren?* (1786) an die Vernunftkritiker:

> Männer von Geistesfähigkeiten und von erweiterten Gesinnungen! Ich verehre Eure Talente und liebe Euer Menschengefühl. Aber habt Ihr auch wohl überlegt, was Ihr tut, und wo es mit Euren Angriffen auf die Vernunft hinaus will? Ohne Zweifel wollt Ihr, daß *Freiheit zu denken* ungekränkt erhalten werde; denn ohne diese würde es selbst mit Euren freien Schwüngen des Genies bald ein Ende haben. (VIII, 144)

In den „Angriffen auf die Vernunft" sah Kant die Errungenschaften der Aufklärung und auf lange Sicht die politische Freiheit gefährdet. Daher warnt er abschließend:

> Freunde des Menschengeschlechts und dessen, was ihm am heiligsten ist! Nehmt an, was Euch nach sorgfältiger und aufrichtiger Prüfung am

---

60 Ebd., S. 158.
61 Ebd.

glaubwürdigsten scheint, es mögen nun Facta [der Offenbarungsreligion], es mögen Vernunftgründe sein; nur streitet der Vernunft nicht das, was sie zum höchsten Gut auf Erden macht, nämlich das Vorrecht ab, der letzte Probierstein der Wahrheit zu sein. Widrigenfalls werdet Ihr, dieser Freiheit unwürdig, sie auch sicherlich einbüßen und dieses Unglück noch dazu dem übrigen, schuldlosen Teile über den Hals ziehen, der sonst wohl gesinnt gewesen wäre, sich seiner Freiheit *gesetzmäßig* [also in den Grenzen der Vernunft] und dadurch auch zweckmäßig zum Weltbesten zu bedienen! (VIII, 146f.)

Die Auseinandersetzung mit den Vertretern der Gegenaufklärung setzte Kant später in *Von einem neuerdings erhobenen vornehmen Ton in der Philosophie* (1796) fort. Für die parallel verlaufende politisch-reaktionäre Gegenaufklärung kann man die philosophischen Kritiker der Vernunft nicht verantwortlich machen. Kant selbst sollte auch nicht die philosophische Gegenaufklärung, sondern die religiöse Schwärmerei gefährlich werden. Über das entsprechende Potential bei Hofe wusste der Kantianer Kiesewetter zu berichten, dass dem König Jesus erschienen sei und die Königin öfters „auf Tischen und Stühlen herumtanzte und Geister sah".[62]

---

62 Brief vom 9. 11. 1790 an Kant. Zitiert nach Vorländer: Immanuel Kants Leben, S. 160.

Kant wollte 1792 in der *Berlinischen Monatsschrift* eine religions-
philosophische Aufsatzfolge in „vier Stücken" veröffentlichen, was
zu einem Konflikt mit dem Edikt Wöllners führte. Nur das erste
Stück passierte die Zensurbehörde, der sie auf ausdrücklichen
Wunsch des Staatsbürgers Kant vorgelegt worden war. Bereits der
Fortsetzung wurde die Druckerlaubnis verweigert. Kant war jedoch
nicht gewillt, auf eine Veröffentlichung zu verzichten, und so ließ
er die Aufsatzfolge in Buchform als *Die Religion innerhalb der
Grenzen der bloßen Vernunft* (1793) erscheinen, nachdem er sich
vorsorglich die Unbedenklichkeit durch die Königsberger Theolo-
gische Fakultät hatte bescheinigen lassen. In dieser Schrift legt
Kant seine Auffassung des Verhältnisses von Moral und Religion
dar und kommt zu dem Ergebnis, dass insbesondere die christliche
Religion die Grundwahrheiten eines praktischen Vernunftglaubens
beinhalte. Nicht diese eher affirmative These, sondern die Konsequenzen, die Kant vor allem im vierten Stück der Schrift zog, dürfte die Zensur auf den Plan gerufen haben. Schon dessen Überschrift stellte eine Provokation dar: „Vom Dienst und Afterdienst
unter der Herrschaft des guten Prinzips oder Von Religion und
Pfaffentum." (VI, 151)

 Durchgehend beurteilt Kant Religion einzig nach ihrem moralischen Wert und betont, dass sie nicht die „Tugendgesinnung"
ersetzen dürfe, sondern diese vielmehr befördern müsse. Unterschieden wird daher zwischen Religion der Idee nach und der
Ausübung von Religion, also dem religiösen Ritus. Diesem billigt
Kant eine sozusagen stabilisierende Wirkung zu, warnt aber ausdrücklich davor, den Ritus und überhaupt die „sichtbare Kirche",
nämlich die jeweils bestehende Institution der Kirche, mit der Sache der Religion selbst zu verwechseln, weil eine solche Gleichset-
zung unweigerlich in einen bloßen „Afterdienst", also in eine Be-
flissenheit in äußerlichen Dingen übergehen würde. Dabei schließt
Kant hier auch denjenigen Standpunkt ein, der den „Geschichts-
glauben" als Glauben an eine ganz bestimmte Offenbarung über

die „Bestrebung zum guten Lebenswandel" stellt, statt ihn „bloß als Mittel für die moralische Gesinnung" zu sehen (VI, 178f.). Damit wird deutlich, was der Zusatz „innerhalb der Grenzen der bloßen Vernunft" für die Religion besagt.

Mit seiner Konzeption einer moralischen Vernunftreligion weicht der Protestant Kant von der protestantischen Gnadenlehre ab, nach welcher der Mensch nicht durch gute Werke, sondern allein durch die Gnade Gottes (*sola gratia*) das Heil erlangen könne. Er unterstellt geradezu, dass dieser Gedanke es dem Menschen erlaube, ausweichend auf die Gnade Gottes zu setzen, anstatt dessen moralisches Gebot zu erfüllen (VI, 200f.).

Die Stoßrichtung von Kants Überlegungen war nicht zu übersehen. Vor den Konsequenzen eines bloß formalen „Afterdienstes" hatte er schon früher in *Über das Mißlingen aller philosophischen Versuche in der Theodizee* (1791) mit deutlichen Worten gewarnt:

> Wie bald solche blinde und äußere *Bekenntnisse* (welche sehr leicht mit einem eben so unwahren innern vereinbart werden), wenn sie *Erwerbmittel* abgeben, allmählich eine gewisse Falschheit in die Denkungsart selbst des gemeinen Wesens bringen können, ist leicht abzusehen. (VIII, 269)

Nachdem die Reaktion nun in vollem Gange war, setzte er, auf diese Entwicklung anspielend, noch eins drauf mit der Schrift *Das Ende aller Dinge* (1794), deren Schluss lautet:

> Sollte es mit dem Christentum einmal dahin kommen, daß es aufhörte liebenswürdig zu sein (welches sich wohl zutragen könnte, wenn es statt seines sanften Geistes mit gebieterischer Autorität bewaffnet würde): so müßte, weil in moralischen Dingen keine Neutralität (noch weniger Koalition entgegengesetzter Prinzipien) Statt findet, eine Abneigung und Widersetzlichkeit gegen dasselbe die herrschende Denkart der Menschen werden; und der *Antichrist*, der ohnehin für den Vorläufer des jüngsten Tages gehalten wird, würde sein (vermutlich auf Furcht und Eigennutz gegründetes), obzwar kurzes Regiment anfangen: alsdann aber, weil das Christentum allgemeine Weltreligion zu sein zwar *bestimmt*, aber es zu werden von dem Schicksal nicht *begünstigt* sein

würde, das (verkehrte) *Ende aller Dinge* in moralischer Rücksicht ein-
treten. (VIII, 339)

Mit anderen Worten und auf den Punkt gebracht: Ein auf Lippen-
bekenntnisse gestütztes autoritäres Christentum ist nicht ein Werkzeug Gottes, sondern des Teufels. Dieses verstanden die Herren
Zensoren sehr wohl. Am 1. Oktober 1794 erging eine Kabinetts-
order, in der Kant vorgeworfen wurde, er habe seine Philosophie
zur „Entstellung und Herabwürdigung mancher Haupt- und Grund-
lehren der heiligen Schrift und des Christentums mißbraucht".[63] Im
Wiederholungsfall wurde ihm als Bestrafung die Entfernung aus
dem Amt angedroht. Kant verteidigte sich schriftlich gegen diesen
Vorwurf, sagte aber zu, dass er sich „fernerhin aller öffentlichen
Vorträge die Religion betreffend […] gänzlich enthalten werde".[64]
Mancher wird sagen und hat es gesagt, dass Kant hier ‚gekniffen'
habe. Vor sich selbst dürfte er sich im Sinne einer Notiz gerecht-
fertigt haben, die sich im Nachlass findet:

> Widerruf und Verleugnung seiner inneren Überzeugung ist *niederträch-*
> *tig*; aber Schweigen in einem Fall wie der gegenwärtige ist Untertanen-
> pflicht; und wenn alles, was man sagt, wahr sein muß, so ist darum
> nicht auch Pflicht, alle Wahrheit öffentlich zu sagen.[65]

Im Grunde ging es Kant wohl einfach darum, im Alter von mehr
als 70 Jahren seine Ruhe zu haben. Allerdings gilt auch für ihn, was
er den deutschen ‚Untertanen' in seiner *Anthropologie* allgemein
bescheinigt:

> Der Deutsche fügt sich unter allen zivilisierten Völkern am leichtesten
> und dauerhaftesten der Regierung, unter der er ist, und ist am meisten
> von Neuerungssucht und Widersetzlichkeit gegen die eingeführte Ord-
> nung entfernt. (VII, 317)

---

63 Kant zitiert diesen Vorwurf in der *Vorrede* zu *Der Streit der Fakultäten* (VII, 6).
64 So Kant in seinem von ihm zitierten Rechtfertigungsschreiben (VII, 10).
65 Zitiert nach Vorländer: Immanuel Kants Leben, S. 186.

Friedrich Wilhelm II. starb am 10. November 1797. Ihm folgte Friedrich Wilhelm III. In der *Vorrede* zu *Der Streit der Fakultäten* (1798) begrüßte Kant gleich im ersten Satz „eine aufgeklärte, den menschlichen Geist seiner Fesseln entschlagende [...] Regierung" (VII, 5).

Hoffnungen sind bei Kant nicht nur eine Sache der Religion. Neben der Hoffnung auf eine Welt *jenseits* der Erscheinungen gibt es auch eine Hoffnung für die Welt *als* Erscheinung. Hoffnungen dieser Art sind, sofern sie sich nicht nur auf unsere eigene Glückseligkeit erstrecken, sondern die ganze menschliche Welt einbeziehen, Sache der Geschichtsphilosophie. In der Geschichtsphilosophie geht es, mit Theodor Lessing zu sprechen, um eine innerweltliche „Sinngebung des Sinnlosen". Sinnlos erscheint uns Geschichte insbesondere dann, wenn wir die Wirklichkeit unter der Perspektive des moralischen Sollens betrachten. Kants Geschichtsphilosophie leistet hier eine Vermittlung. Sie ist dabei, wie auch die Religionsphilosophie, ein Anhang zur praktischen Philosophie. Als im eigentlichen Sinne geschichtsphilosophische Arbeit ist hervorzuheben *Idee zu einer allgemeinen Geschichte in weltbürgerlicher Absicht* (1784). Sie zeigt, dass Kant nicht fortschrittsgläubig, sondern eher ein Realist war. Er setzte aber mit verhaltenem Optimismus darauf, dass sich eine Entwicklung zum Besseren gerade durch einen „Antagonism[us]", verstanden als *„ungesellige Geselligkeit"* (VIII, 20), durchsetzen würde:

> Alle Kultur und Kunst, welche die Menschen ziert, die schönste gesellschaftliche Ordnung sind Früchte der Ungeselligkeit, die durch sich selbst genötigt wird sich zu disziplinieren und so durch abgedrungene Kunst die Keime der Natur vollständig zu entwickeln. (VIII, 22)

Die Ungeselligkeit der Menschen miteinander überträgt Kant auf das Verhältnis der Staaten untereinander (VIII, 24), wonach auch zwischen diesen der Antagonismus der Motor einer positiven Entwicklung ist, die als *„Vollziehung eines verborgenen Plans der Natur"* angesehen wird (VIII, 27). Diese Auffassung darf wahrhaft ‚dialektisch' genannt werden. Dass die bestehenden gesellschaftlichen Widersprüche allerdings auf so etwas wie eine klassenlose Gesellschaft in der Welt als Erscheinung zusteuern könnten, wäre

Kant nicht eingefallen. In dieser Hinsicht ist Marx und nicht Kant der Fortsetzer eines ‚naiven' Fortschrittsdenkens, erst recht, wenn Marx meinte, eine bestimmte Gruppe, nämlich das Proletariat, zum Vollender einer solchen antagonistischen Entwicklung erheben zu können.

Für Kant, dessen Philosophie sonst durchgehend auf das autonome Subjekt setzt, findet die Entwicklung der Geschichte zum Positiven im Rücken der handelnden Subjekte statt, nämlich ohne dass diese es selbst durchschauen. Hegel spricht hier später von der „List der Vernunft".[66] Im Einzelnen beschränkt sich Kant darauf, den Fortschritt in der allmählichen Herausbildung von äußere Freiheit garantierenden Rechtsverhältnissen zu sehen, und zwar solchen nationaler und internationaler Art. In diesem Zusammenhang formuliert Kant dann auch bereits die Idee des Völkerbundes (vgl. VIII, 26), wobei wiederum das antagonistisch-dialektische Moment Hervorhebung verdient. Dieser Idee gemäß geht es nämlich darum, „einen weltbürgerlichen Zustand der öffentlichen Staatssicherheit einzuführen, der nicht ohne alle *Gefahr* sei, damit die Kräfte der Menschheit nicht einschlafen, aber doch auch nicht ohne ein Prinzip der *Gleichheit* ihrer wechselseitigen *Wirkung* und *Gegenwirkung*, damit sie einander nicht zerstören". (VIII, 26) Angesprochen ist damit eine ‚gesunde', humane Konkurrenz zwischen den Völkern und Staaten unter der Voraussetzung gegenseitiger Anerkennung. Die Idee eines Staatenbundes zum Zweck der Friedenssicherung hat Kant in der späten Schrift *Zum ewigen Frieden* (1795) ausgearbeitet. *Der Streit der Fakultäten* (1798) führt aus, dass es vor allem der Ausschaltung des Krieges bedarf, „um eine Verfassung einzuschlagen, die ihrer Natur nach, ohne sich zu schwächen, auf echte Rechtsprinzipien gegründet, beharrlich zum Besseren fortschreiten kann" (VII, 93).

---

66 Georg Wilhelm Friedrich Hegel: Vorlesungen über die Philosophie der Geschichte; in: Werke in zwanzig Bänden (Theorie Werkausgabe), Bd. 12. Frankfurt am Main 1970, S. 49.

In der Beurteilung der Entwicklung der Menschheit hin zu einem Zustand der *Moralität* gibt Kant allerdings bereits in *Idee zu einer allgemeinen Geschichte in weltbürgerlicher Absicht* zu bedenken:

> Wir sind im hohen Grade durch Kunst und Wissenschaft *kultiviert*. Wir sind *zivilisiert* bis zum Überlästigen zu allerlei gesellschaftlicher Artigkeit und Anständigkeit. Aber uns für schon *moralisiert* zu halten, daran fehlt noch sehr viel. Denn die Idee der Moralität gehört noch zur Kultur; der Gebrauch dieser Idee aber, welcher nur auf das Sittenähnliche in der Ehrliebe und der äußeren Anständigkeit hinausläuft, macht bloß die Zivilisierung aus. (VIII, 26)

Hier wird noch einmal betont, dass wir uns mit der Erreichung des Zustandes einer Zivilisation, in der lediglich der Pflicht *gemäß* gehandelt wird, nicht begnügen dürfen. Die Idee der Moralität verlangt ein Handeln *aus* Pflicht. Eine Warnung ist allerdings angebracht: Die Idee der Moralität, die niemals vollständig realisiert sein kann, mit allen Mitteln realisieren zu wollen, führt unter Verlust der Humanität zum Tugendterror. Dessen Repräsentanten (wie zum Beispiel Robespierre) könnte man im Sinne Kants „Schwarmgeister" der praktischen Vernunft nennen. Geschichtsphilosophisch dürfen wir uns nach Kant einen politischen Optimismus zu Eigen machen, allerdings in den Grenzen eines anthropologischen Skeptizismus. Für die Realisierung der Idee der Moralität gilt erst recht, was Kant (VIII, 23) bereits als Problem für die Etablierung einer auf Legalität gegründeten bürgerlichen Gesellschaft anführt: „aus so krummem Holze, als woraus der Mensch gemacht ist, kann nichts ganz Gerades gezimmert werden. Nur die Annäherung zu dieser Idee ist uns von der Natur auferlegt."

Abschluss

Dieses Buch sollte kompakt und problemorientiert in das *Gesamtwerk* Kants einführen. Der Titel hat hier hoffentlich nicht zu viel versprochen. Immerhin wurden die Hauptwerke behandelt und wichtige kleinere Schriften einbezogen oder zumindest gestreift, ohne freilich Vollständigkeit anzustreben. Eine Berücksichtigung sämtlicher Schriften ist von einer Einführung, die auf übersichtliche Kürze angelegt ist, nicht zu erwarten. Schließen wir die Darstellung mit einem zusammenfassenden Rückblick auf die Ergebnisse ab.

Die übliche Einteilung von Kants Schriften in vorkritische und kritische sollte nicht dazu führen, die frühen Schriften unbeachtet zu lassen. Tatsächlich erwiesen sich die Abhandlungen über die Entstehung des Kosmos und die natürlichen Ursachen von Erdbeben bereits dem Geist der Aufklärung verpflichtet, und Kants Kosmogonie gilt in ihrem naturwissenschaftlichen Gehalt nach wie vor als im Wesentlichen zutreffend. Bei einzelnen Vergleichen vorkritischer mit kritischen Schriften fanden sich auch überraschende Übereinstimmungen und Ergänzungen. Obwohl die Mathematik wegen ihrer exakten Ergebnisse bei Kant in hohem Ansehen stand und ihm als Musterbeispiel für synthetische Erkenntnisse a priori diente, hat er gleichwohl nicht erst in der Methodenlehre der *Kritik der reinen Vernunft*, sondern bereits von Anfang an die Übernahme der mathematischen Methode in der Philosophie zurückgewiesen. Im Falle der Analyse des Begriffs des Daseins im Sinne der Existenz, der ein wesentlicher Begriff der Philosophie ist, erwiesen sich vorkritische Ausführungen im Vergleich mit entsprechenden Passagen in der *Kritik der reinen Vernunft* sogar als reichhaltiger. Auch die Frage nach der Selbstbezüglichkeit der philosophischen Metasprache deutet sich beim vorkritischen Kant an, bleibt aber in der *Kritik der reinen Vernunft* ausgespart, obwohl sie sich hier geradezu aufdrängt. Die Frage ist nämlich, wie Kants Auffassung, dass Erkenntnis die Verbindung von Begriffen mit reiner oder empirischer Anschauung erfordert, mit der Bestimmung der philosophischen Erkenntnis als Vernunfterkenntnis aus Begriffen verträglich ist.

Die textnahe Darstellung war um die Freilegung der Architektonik von Kants Werk bemüht. Als aufschlussreich erwies sich hier Kants Bemühen, im Aufbau der drei *Kritiken* der Gliederung seiner formalen *Logik* zu folgen. Unter Einbeziehung der anderen Werke der kritischen Phase ging es insbesondere darum, die Verbindung zwischen Kants theoretischer und praktischer Philosophie zu verdeutlichen. Die *Kritik der reinen Vernunft* geht in der Chronologie der Veröffentlichungen der *Kritik der praktischen Vernunft* zwar voran, in der Sache erwies sich aber, dass für Kant ein Primat der praktischen Vernunft besteht.

Als Themen der Metaphysik bestimmt Kant die Ideen von Freiheit, Gott und Unsterblichkeit. Die erste *Kritik* widerlegt die Bemühungen, die Existenz Gottes und die Unsterblichkeit der Seele zu beweisen. Die Metaphysik im Feld der theoretischen Philosophie wird letztlich auf eine Metaphysik der Natur reduziert, die nichts anderes ist als der synthetisch-apriorische Teil der Wissenschaftstheorie der Naturwissenschaft. Für deren Theoriebildung wird den Ideen Gottes und der Seele immerhin eine heuristische Funktion eingeräumt. Die Idee Gottes kommt dabei allerdings lediglich als Gedanke der systematischen Einheit der Natur und nicht im Sinne eines personalen Schöpfergottes zum Einsatz. Im Rahmen der theoretischen Philosophie entspricht diese Idee – der Sache nach, allerdings nicht nach Kants eigener Auffassung – eher einem *methodologisch* verstandenen pantheistischen Monotheismus.

Im Vergleich mit den beiden anderen Ideen kommt der Idee der Freiheit eine besondere Stellung mit Blick auf die Moralphilosophie zu, da für Kant ohne Willensfreiheit echte Moralität nicht möglich ist. In der Auflösung der Freiheitsantinomie ist die *Kritik der reinen Vernunft* bemüht, auf der Grundlage der zentralen, aber nicht unproblematischen Unterscheidung zwischen Ding an sich und Erscheinung die *Möglichkeit* der Willensfreiheit zu sichern. Damit arbeitet sie der praktischen Philosophie zu, der zufolge die *Wirklichkeit* der Willensfreiheit in ihrer Wirksamkeit besteht. Diese Wirksamkeit besagt, dass die praktische Vernunft nach dem Sittengesetz – unter der Abwehr von Neigungen und unter der Anwendung des kategorischen Imperativs – unser Handeln bestimmt.

In der *Kritik der praktischen Vernunft* wird der Existenz Gottes und der Unsterblichkeit der Seele der Status praktischer Postulate zugewiesen, die zwar kein Wissen ausmachen; aber einen Glauben gestatten, dessen Erfüllung wir erhoffen dürfen. Damit bleiben Gott und Seele als Themen der Metaphysik virulent, werden aber aus der theoretischen Philosophie, die hier nichts auszurichten vermag, in die praktische Philosophie verlagert, die dann auch der Religion ihre Berechtigung einräumt und ihren Ort zuweist. Dabei betont Kant, dass die Religion der Moralität eine flankierende Stütze biete, aber nicht zu deren Begründung herangezogen werden dürfe. Eine Ergänzung erfährt die praktische Philosophie ferner durch eine politisch ausgerichtete Geschichtsphilosophie, die bereits die Einrichtung eines internationalen, auf Friedenssicherung bedachten Staatenbundes als Ziel formuliert.

Die zunächst nicht vorgesehene *Kritik der Urteilskraft* liefert einen Beleg dafür, dass Kant einmal erreichte Positionen auch verlassen oder fortentwickeln konnte. So nimmt die *Kritik der teleologischen Urteilskraft* als deren zweiter Teil eine Erweiterung der ursprünglich rein mechanistisch verstandenen Naturwissenschaft vor, indem sie den Gedanken eines zweckmäßigen Organismus aufgreift und dementsprechend die Physik durch die Biologie ergänzt.

Der erste Teil der *Kritik der Urteilskraft*, die *Kritik der ästhetischen Urteilskraft*, geht über die Wissenschaftsphilosophie hinaus und untersucht die Begriffe der Schönheit und der Erhabenheit. Für das Schönheitsurteil und das Erhabenheitsurteil lehnt Kant die Möglichkeit, sie zu begründen, entschieden ab. Beide sind für ihn keine Erkenntnisurteile, sondern einzig Ausdruck eines Gefühls der Lust und Unlust. Besonders schwer wiegt diese Einschätzung im Falle des Schönheitsurteils, da ihr zufolge Kunstkritik unmöglich wäre. Dagegen stellte sich das Bedenken, dass Begründungen ja keine Beweise sein müssen und Argumente für oder gegen ästhetische Werturteile durchaus überzeugen können.

Kants Interesse an den Themen Schönheit und Erhabenheit reicht bis in die vorkritische Zeit zurück, erfährt nun aber eine weitreichende Ausarbeitung bis hin zur Bestimmung des Genies, das dadurch ausgezeichnet wird, dass es ästhetische Ideen zur Darstellung bringt. Obwohl Kants Kunstauffassung wegen ihrer Bezogenheit auf das Gefühl der Lust (und Unlust) letztlich emotivistisch ausgerichtet ist, kommen mit dem Einsatz ästhetischer Ideen doch kognitive Aspekte in den Blick. Wenn Kant gleichwohl der Kunst den Erkenntniswert bestreitet, so ist das eine Folge seines engen Erkenntnisbegriffs, wonach Erkenntnis an die Form des Erkenntnis-*Urteils* gebunden ist und daher mit propositionaler Wahrheit zusammenfällt. Damit folgt Kant der logischen Tradition. Ein Vergleich mit Baumgartens Begriff der *perceptio praegnans* ließ entgegen dieser Tradition den Erkenntniswert der Kunst als nicht-propositionale anschaulich-komplexe Vergegenwärtigungsleistung bestimmen. Eine solche Leistung erbringt nicht nur die schöne Kunst. Auch die nicht mehr schönen Künste können Erkenntnisse vermitteln. Indem so mit Kant gegen Kant der Erkenntniswert der Kunst verteidigt wurde, haben wir uns – wie auch in einigen anderen Fällen – ein wenig von Kants eigenen Auffassungen entfernt. Für unsere problemgeschichtliche Darstellung gilt aber, was der Neukantianer Wilhelm Windelband mit den Worten zum Ausdruck brachte, Kant verstehen heiße, „über ihn hinausgehen". Jedenfalls gilt dies für eine Problemgeschichte, deren Erkenntnisinteresse ganz im Sinne Kants letztlich systematisch ausgerichtet ist.

Register zu den berücksichtigten Schriften Kants

(Aufgeführt sind nach Erscheinungsjahr die im Text behandelten oder erwähnten Schriften)

Namenregister

Herausgebernamen sind nicht aufgeführt

Sachregister